年賺30%的股市高手
洪志賢教你

追籌碼
算價術

洪志賢——著

第 1 章
揚帆啟程　個人股海成長史

第 2 章
扎穩腳步　進場前必懂知識

第3章
看懂股市 消息面與技術面

第4章
透析個股 基本面與籌碼面

第8章
實戰演練 大型股與中型股

金錢的流向
決定投資信仰的方向

　　籌碼研究是近年來的投資市場顯學，這得感謝主管機關對於市場資訊揭露的高要求標準，讓台灣散戶得以享有許多先進資本市場投資人無法取得的數據。有了這些數據，解讀方式應運而生，光是《Smart 智富》月刊所報導過的股市贏家，就有多種關於籌碼數據的應用，曾經是《Smart 智富》月刊封面故事報導人物的洪志賢，正是其中之一的佼佼者。

　　洪志賢投資方法的核心為其獨創，結合籌碼追蹤與歷史經驗的勝率推定，在實戰中有很不錯的成效。它根據的邏輯很簡單，大部分法人持續買入的股票，背後多有其堅實的研究基礎，而根據買進比率占公司股本的比重，可以窺見法人對此筆投資的信心強弱程度。正所謂，金錢的流向，決定投資信仰的方向；什麼都能造假，只有鈔票造不了假。

　　籌碼的追蹤只需要上公開市場觀測站，甚至坊間的免費網站或券商軟體，都

提供了此類資訊,散戶可以學習洪志賢,將這些資訊匯總到自製的 Excel 表裡,定期記錄與追蹤,再參考洪志賢不藏私教給大家的勝率與對應漲幅心得,就足以作為很好的投資參考,甚至勤學的讀者,還能以此為基礎,發展出自我專屬的優化版本,或許你可以比作者本人賺得更穩、更多。

投資學習,其實就是站在巨人的肩膀上,有了前人打下的基礎,後學者就能站得更高、看得更遠。股神巴菲特(Warren Buffett)因為有了老師葛拉漢(Benjamin Graham)的教導,其後才能青出於藍。我衷心冀望,每位讀者不要把某種學到的投資技巧都當成唯一的聖杯,唯有持續的學習與精進,才能歷經不同時代、不同市場環境,都能持盈保泰,扎實累積資產。投資成功並非一蹴可幾,願與所有讀者共勉,並衷心推薦此書。

《Smart 智富》月刊總編輯

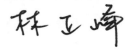

從簡化到複雜化
自創股價精算法的機緣

朋友經常問我一個問題:「有沒有哪一檔股票穩賺的?報一檔一起來賺吧!」我的答案幾乎都是「沒有」。

這個問題也太強人所難了吧!畢竟我也只是茫茫股海中的一個茫茫然的小散戶罷了。更重要的原因是,我認為股票投資是一項個人化的課題,每一個人的投資個性不盡相同——有些人喜歡當沖,有些人喜歡追逐每天漲停的小型飆股,有些人希望挑選一買就漲不停的股票。至於我,因為厭惡下跌的風險,所以偏好長期觀察並買進慢慢漲的股票。也因此,我的答案未必適用於你。

細數自己過去的投資歷程以及對於股市的看法,大致可分成「簡化階段」與「複雜化階段」。初入股市時,我總是「過度簡化」與股市相關的課題。面對同儕間的股市閒聊總能侃侃而談,自有一番個人見解,其實這些見解也不過就是股市新聞剪貼簿罷了。

　　過度簡化的另一個意思便是「輕忽」，輕忽了大多數影響股市的重要問題，也讓我受到了慘痛教訓。例如 1996 年～ 1997 年，因為搭上股市多頭的列車，即使選股方式不夠嚴謹，僅依靠他人的訊息就買進，我仍大賺一筆，資產一度來到 200 萬元。後來因為台灣股市崩盤，資產歸零。歷經 3 次資產大起大落之後，我終於學會向股票市場低頭，甚至幾近放棄投資股票。

　　38 歲那年開始盤點人生，我發現過去的興趣以及與朋友間的共同話題，全因人生只剩下工作而失去了，這並非自己未來想要的生活。經過 4 年的思考之後，決定離開工作職場並拾回過去的興趣之一──股票投資。

　　決定重新投入股市以後，我付出了許多心力與時間來進行研究。當我對股市理解得愈多，也就會懂得必須以戒慎恐懼的心理來看待股市。離開職場之後，我努力學習更多的知識，回到學校學習股票基本面的知識以及法人算價方法，嘗試運用各種複雜的方式來應對，期望能找到投資世界的聖杯。

　　在這個複雜化階段，我幾乎不太願意再與周遭朋友談論股市相關的議題，總是建議朋友最好不要投資股票。因為在這個潛伏各種暗流的險惡股海，沒有好好學習各種危機處理的能力前，最好的方式便是「遠離」股市，畢竟每一分錢都是辛苦努力賺來的。如果還是想要在股市裡賺錢，那麼認真研究相關資料將是你逃脫不了的責任。

隨著不斷地深入研究，長期觀察下來，我發現法人的買賣動作與股價的漲跌似乎存在著某種關聯性，但是一直無法理出頭緒。感謝劉曉俐這位有緣人，帶著我心愛的家人遠赴美國 long stay，讓我能夠在這段時間裡，好好地整理腦海中盤旋許久的想法，並完成複雜版的「外資買超合理股價精算法」。也是因為曉俐，讓我有了與《Smart 智富》月刊接觸的機會，創造了一份「施」與「受」的機緣。

2017 年年底，與當時的《Smart 智富》月刊主筆呂郁青及記者許家綸第一次碰面時，曾告訴她們，我的投資方法相對於一般投資人而言太複雜了。由於我的投資概念異於傳統方式，很難讓一般人理解，即使我曾經分享給認識許久的朋友，他們也都很難馬上聽懂，更何況僅透過書面雜誌的方式闡述投資理念。因此，我把這次的會議純粹當成是，幾個對股市有熱情的投資人聚在一起分享自己的投資方法。

沒想到一個星期之後，我接到預計作為 2018 年 2 月出刊的封面人物故事的電話。一時之間雖然感謝《Smart 智富》月刊對我的認同，但更強烈感受到此次任務的艱鉅——如何在有限的時間與篇幅中，解釋我的投資概念與方法。

已經許久不再失眠的我，在幾個輾轉難眠的夜晚裡，不斷地在腦海中思索如何把投資方法「單純化」。單純到可以讓讀者能夠理解，甚至是可以運用在自

己的投資之中，最後成功地研發出「外資買超貢獻漲幅倍數」的概念。

　　從這個單純化的投資概念延伸出簡單版的「外資買超合理股價精算法」，透過郁青與家綸的巧手，將這個全新的投資方法以更單純的面貌傳遞給讀者。這樣一個機緣也讓我對於股市投資有了更進一步的思維，感謝《Smart 智富》月刊給了我再次成長的機緣。

　　另一次的因緣際會，讓我產生了寫下這本書，把這份緣延續下去的想法。期望有緣人看到之後，不僅能在投資上有所幫助，更能把這個緣繼續傳下去。

　　本書共分為 8 章：第 1 章是我個人的投資歷程，希望能夠讓大家了解我在投資想法上的轉變；第 2 章是我認為讀者在投資前應該要知道的事情；第 3 章、第 4 章介紹股票投資的 4 個面向；第 5 章介紹最適合的投資類型——外資買超股；第 6 章介紹我獨創的「外資買超合理股價精算法」及操作方式；第 7 章介紹外資買超股的其他重要股價因素及買賣時機；第 8 章是實際案例解說。

　　在寫書的過程中，為了能讓讀者對於「外資買超合理股價精算法」有更深入的了解，無意中讓我發現了另一個台指期貨的投資概念。所以我說接受《Smart 智富》月刊採訪，真的就是一份「施」與「受」的機緣，我充分感受到「受」的恩典。

自序最後，分享一段母親臨終之前留給我的佛語：

佛在靈山莫遠求，

靈山只在汝心頭，

人人有個靈山塔，

好向靈山塔下修。

衷心感謝母親對我的教誨，也希望這本書能夠對讀者有所幫助。如果你是一位股市初學者甚至是初次投入股市的族群，這本書可以作為你投資台灣股市的第 1 本教科書。如果你是一位對於自己股票投資報酬率不甚滿意，甚至是台股輸家，這本書可以作為你學習另一種投資台股方法的專業投資書。如果你已經是一位專業投資人以及台股贏家，可將這本書的「外資買超合理股價精算法」作為你投資決策的另一個參考面向的工具書。敬祝大家投資順利。

馮志源

| 第1章 |

揚帆啟程
個人股海成長史

1-1 搭上台股多頭列車 半年賺進100萬元

投資理財是現代人必經的一段人生旅程，我想應該很少人絕對不投資理財，至少一定會有存款吧！即便是定存，也是投資理財的一種，只是這本書是專門用來討論股票投資，所以讓我們先忽略定存這種理財方式。

根據台灣證券交易所的統計資料，截至 2018 年年底，證券累積開戶數高達 1,864 萬 8,333 戶，以台灣截至 2018 年 12 月底的人口數 2,358 萬 8,932 人來計算可以得知，投資股票的人口占台灣人口數的比率高達 79%。

由此可見，在台灣以「股票」作為主要投資理財工具的人其實不在少數，可說是全民運動。我也衷心地認為，現代人都應該要投資股票，因為現在的利率實在太低了（2019 年 8 月 26 日臺灣銀行 1 年期定期儲蓄存款固定利率才 1.07，機動利率也才 1.09%），扣除物價上漲後的實質利率更是低得離譜。只倚靠薪水與定存，實在很難應付未來的各種資金需求（譬如教育基金與退休需求）。

圖1 1996年2月起的1年半間，大盤漲了120%
——台灣加權指數（TSE）日線圖

加權指數(TSE) 日線圖 2019/08/27 開 10386.21 高 10431.78 低 10386.21 收 10402.68 ↑點 量 623.35億 +48.11 (+0.46%)

自1996年2月7日的最低點 4,672.67
點漲到1997年8月27日的最高點1萬
256.1點，指數漲幅約 120%

10256.10

4672.67

1996/01/04　04　05　06　07　08　09　10　11　12 1997/01　03　04　05　06　07　08　09

註：資料統計時間為 1996.01.04 ～ 1997.09.15　　資料來源：XQ 全球贏家

大盤每日漲停 7%，初入股市即嘗獲利甜頭

我踏入職場的第 1 年（1996 年），恰好遇見股市難得一見的大多頭行情。當時台灣發行量加權股價指數（TSE，又稱加權指數、大盤）從最低 4,672.67 點（1996 年 2 月 7 日盤中低點），漲到最高 1 萬 256.1 點（1997 年 8 月 27 日盤中高點），約 1 年半的時間，指數漲了約 120%（（1 萬 256.1 － 4,672.67）÷4,672.67×100%，詳見圖 1）。

　　我的第 1 份工作是在保險公司的精算部門，當時保險公司的熱賣保單幾乎都是以預定利率（年）約 7.5% 的終身儲蓄型壽險為主。但是，面對股市每一天漲停 7% 的誘惑（編按：當時台股漲跌幅限制為 7%，2015 年 6 月 1 日起漲跌幅限制放寬為 10%），1 年 7.5% 的預定利率又怎麼看得上眼。不過，現在就相當後悔了，假若當年能夠把薪水拿來買儲蓄型保單，如今就真的可以安穩退休了。

　　而在當時，努力工作就是為了將薪水投入股市賺取暴利，每個月除了基本開銷外，幾乎將 80% 的薪水都拿來投資。

　　在那一個主力控盤的時代，很少有人會去研究基本面、技術面，全然就是從報紙、雜誌以及新聞挑選投資標的。另外就是不斷地打聽個股消息，畢竟「千線萬線不如一條電話線」。學生時期所學的投資學、經濟學、會計學全拋在腦後，僅靠著打聽消息以及個人優異的股票投資「天賦」，就能擁有絕佳的投資報酬。在股市大多頭環境之下，投資顯得特別容易。

　　就這樣自 1996 年年底開始，透過不斷交易，買進像是國巨（2327）等漲幅驚人的股票，人生的第一桶金（100 萬元）在短短半年內就達到了。初嘗人生的第 1 場勝利，每天與朋友之間的話題就是今天賺了多少、看好哪些股票，完全沉浸在這一場金錢遊戲之中，心想未來前途一定是無限光明。

1-2 槓桿投資＋遭逢股災 資產3度歸零

當一個人站在最高點卻不自知時，應該很容易想像接下來會發生什麼事吧！只是當局者迷，當一個人開始自大、自滿以後，就會開始做蠢事。

自 1997 年年中開始，我提高槓桿比率至最大，運用丙種資金進行投資，也就是自己出 10% 的資金，便可以透過金主的帳戶買進股票；當然，另外 90% 的資金是以相當高的利率向金主借支。初期的槓桿投資成果令我相當滿意，單單 1997 年第 3 季便有超過 50% 的報酬率。

亞洲金融風暴》短短 5 天賠光約 200 萬元

只是，接下來的股市走勢充滿了戲劇性。受到亞洲金融風暴的影響，加權指數從 1 萬 256.10 點（1997 年 8 月 27 日盤中高點）跌到 9,185.49 點（1997 年 9 月 2 日盤中低點），跌幅高達 10.4%（（9,185.49 － 1 萬 256.10）÷ 1 萬 256.10×100%）。而我的資產也在這波跌勢中大幅縮水，短短 5 天

就把這 2 年賺進的錢（約 200 萬元）全賠掉了。這是一場極大的震撼教育，對於一個才剛剛工作 2 年的年輕人來說，打擊真的很大。

事後回想這一段過程，真心覺得長痛還是不如短痛。還好 5 天的時間就賠光了所有的資產，不然依照當時大盤無窮無盡地跌勢（詳見圖 1），若手中還有持股，會讓人非常煎熬。

網路泡沫》2000 年慘劇重演，資產由正轉負

「5 天賠光所有資產」的震撼教育，讓我了解到自己的不足，開始學習投資股市的專業知識。我學會透過技術面選股及決定買價與賣價，踏實地從事小額投資，趨吉避凶。

初期的投資結果很不錯，當加權指數從 1999 年最低點 5,422.66 點（1999 年 2 月 5 日盤中低點）開始大幅反彈，股票資產又再度快速累積，個人的投資信心又再次大幅度上升。一直到 2000 年年初，電子類股不斷創歷史新高價，當時最常聽到的一段話：「只要是投資在最好的公司，即使是套牢，未來股價一定還可以再次偉大的。」

但事實真的是這樣嗎？答案是否定的，網路泡沫的出現，使得加權指數再

圖1　**1997年8月底起，大盤一路走跌**
──台灣加權指數（TSE）日線圖

加權指數(TSE)　日線圖 **2019/08/27** 開 10386.21 高 10431.78 低 10386.21 收 10406.27 ↑點 量 625.85 億 **+51.70 (+0.50%)**

10256.10

大盤從 1997 年 8 月 27 日的高點 1 萬
256.10 點跌到 1999 年 2 月 5 日的
5,422.66 點，跌幅高達 47%

5422.66

1997/06/06　09　10　11　12　**1998/01**　03　04　05　06　07　08　09　10　11　12　**1999/01**　03

註：資料統計時間為 1997.06.06 ～ 1999.04.01　　　資料來源：XQ 全球贏家

度和 1997 年一樣，大幅度下跌，從 2000 年初的最高點 1 萬 393.59 點
（2000 年 2 月 18 日盤中高點），下跌到 2001 年 9 月的最低點 3,411.68
點（2001 年 9 月 26 日盤中低點），下跌幅度高達 67%（（3,411.68 － 1
萬 393.59）÷1 萬 393.59×100%，詳見圖 2）。

　就連台股資優生台積電（2330），股價也從最高點 222 元（2000 年 2 月
11 日盤中高點），下跌到最低點 43.6 元（2001 年 10 月 3 日盤中低點），

圖2 2000年網路泡沫時，台股再次從萬點崩跌
——台灣加權指數（TSE）日線圖

加權指數(TSE) 日線圖 2019/08/27 開 10386.21 高 10431.78 低 10386.21 收 10403.08 ↑點 量 628.27 億 +48.51 (+0.47%)

大盤從 2000 年 2 月 18 日的高點 1 萬 393.59 點跌到 2001 年 9 月 26 日的 3,411.68 點，跌幅高達 67%

註：資料統計時間為 1999.12.07 ～ 2001.11.13　資料來源：XQ 全球贏家

跌幅高達 80%（（43.6 － 222）÷222×100%，詳見圖 3）。而台股這次崩跌也讓我的資產再度歸零，到底是誰說歷史經驗不會重複發生的？

SARS 事件》2003 年疫情爆發，資產再度賠光

回想這段經歷，1997 年那一次的教訓雖然震撼，但是卻屬於短痛，且讓我學到不再自滿；2000 年這一次的教訓則是一種煎熬，面對著長期不斷下跌的

圖3 **2000年起,台積電股價下跌8成**
——台積電(2330)日線圖

台積電(2330) 日線圖 **2019/08/27 開** 250.50 **高** 251.00 **低** 249.00 **收** 250.00↑元 **量** 9068 張 **+1.50 (+0.60%)**

台積電股價從 2000 年 2 月 11 日的高點 222 元,下跌到 2001 年 10 月 3 日的低點 43.6 元,跌幅高達 80%

註:資料統計時間為 1999.12.07 ~ 2001.11.13　　資料來源:XQ 全球贏家

股市,偶爾給了一點希望,馬上就又賜給你絕望。而且,雖然股市的資金一直是正數,但是因為借了信用貸款,所以資產總計是負 20 萬元,生平第一次嘗到了負資產的滋味。

一位國立大學的碩士畢業生,從 1996 年開始,在金融業努力工作 5 年的結果卻是負債!而這全有賴於投資股市幫「倒」忙,到底是誰說投資股票會賺錢的?

　　話雖如此，但我始終放不下對於股市的熱情，選擇繼續把錢投入股市裡。2002 年底的股市一波 V 型反彈急漲，忍不住用了融資買進股票，最後的結果就是在 2003 年 SARS（嚴重急性呼吸道症候群）疫情爆發期間全部賠光，總資產幾乎再次歸零。

1-3 決定棄股買房
躲過金融海嘯崩跌

　　從 1996 年進入股市投資開始，個人財富隨著台灣加權指數上上下下，資產更是 3 度歸零，在這過程中我也逐漸理解到自己在股市中的渺小與不足。再加上投入在工作的時間與心力愈來愈多，無法再關注太多的股票，因此自 2005 年開始，決定只投資大型權值股以及自己熟悉的金融股，資產也隨著加權指數的上漲再次累積。只不過因為投資在大型權值股，股價漲幅相對溫吞，資產增加的速度當然比過去慢。

　　就這樣投資股票一直到 2006 年，由於當時的政治環境並不穩定，股市常因政治人物的一番言論而暴漲或暴跌，即便是買進大型權值股，每天的股票資產還是受到非常大的波動，價格變動幅度約在 3% ～ 5%。

　　畢竟已經工作了 10 年，無法再次承受重新再來的打擊，再加上想要幫媽媽買 1 間新房子居住，因此我做了棄股買房的決定。當時為了買房，幾乎將所有股票賣掉，第一次感受到無股一身輕。

因為這次的決定，使我完全沒有參與到 2006 年下半年～ 2007 年底，加權指數從最低點 6,232.49（2006 年 7 月 17 日盤中低點）大漲至 9,859.65 點（2007 年 10 月 30 日盤中高點）的過程。

不過也因為這個決定，讓我躲開了 2008 年金融海嘯，加權指數從 9,859.65 點跌到 3,955.43 點（2008 年 11 月 21 日盤中低點）的慘劇（詳見圖 1）。

這一次的決定對我來說非常重要，分享在 2009 年初，我與母親在病房中的一段對話：

我：媽媽我真的要多謝妳。

媽媽：多謝什麼？

我：多謝妳之前同意我買新房子給你們住。

媽媽：沒有啦，憨囝仔（台語，指傻孩子），你這樣會比較辛苦啦，其實住以前的房子就很好了。

我：如今房價一直漲，股票卻賠死了，但當初因為妳的同意，我把所有的股票賣掉，另買這 1 間新房子給你們住，以及整理另 1 間房子出租。現在我手中不但沒有股票可以賠，房價還一直漲，而且還有房租收入，全都要多謝妳在無意間給我幫助。沒有妳，現在我可能會很淒慘，媽媽多謝妳。

媽媽：沒有啦，是你有孝（台語，指孝順）。

圖1　2007年底，台股從9800多點大跌60%
——台灣加權指數（TSE）日線圖

加權指數(TSE)　日線圖　2019/08/27　開 10386.21　高 10431.78　低 10386.21　收 10401.85 ↑點　量 633.24 億　+47.28 (+0.46%)

9859.65

大盤從 2007 年 10 月 30 日的高點 9,859.65 點跌到 2008 年 11 月 21 日的 3,955.43 點，跌幅高達 60%

3955.43

2005/10/03　2006/03　06　08　10　12　2007/02　05　07　09　11　2008/01　04　06　08　10　12

註：資料統計時間為 2005.10.03 ~ 2009.03.31　　資料來源：XQ 全球贏家

　　這段期間，雖然參加了房市的上漲，也避過了股市的大跌，但事後重新檢視棄股買房的決策過程，卻發現一個殘酷的事實——這次成功的決定跟我的能力無關。當時之所以棄股買房，並非因為看多房價，或是看空台灣股市，純粹只是一種對於股市的無力感所致。而這個發現讓我有種當頭棒喝的感覺，年輕時候的自大、自滿與自信，突然之間全消失了。

1-4 離職後重返校園 學習基本面選股與算價法

在 1-3 提到的棄股買房這段期間，中間有一件事情也對我的人生造成很大的影響。在我 38 歲那年（2007 年）的過年，家人提醒我，虛歲已經 40 歲了，才驚覺自己在不知不覺間，從初出社會的年輕人即將邁入下一個 10 年。

40 歲，忽然有種不太真實的感覺，從未停下腳步的我，開始盤點自己的人生。發現自己雖然有房子、有車子，但是每週工作 6 天半，過去的嗜好全都消失了，內心醞釀改變。

但是，基於現實面的考量，加上缺乏跳脫既有舒適圈的勇氣，一直到 2010 年雙親相繼辭世後才驚覺，「工作的 deadline（截止日）不等人，因此總是優先選擇工作，等到父母親的 deadline 確定之後，才知道他們不會一直都在」。

本來我的人生規畫是和大多數人一樣，努力念書、考上好的學校、找好的工作、孝順父母、享受退休生活。只是這一張原先設定好的人生藍圖，就在父母

親相繼離開後斷掉了。

這種「再也來不及」的打擊真的很大，也讓我重新審視自己的生活。當時評估銀行業未來的發展有限，繼續努力工作對於個人雖然是零風險，但是衡量自我的成長與價值後，卻是不值得。於是，2011年決定離開職場，重新體驗真正屬於自己的人生。

投資目標設為年報酬率10%，其中5%為股利所得

一開始設定給自己1年的時間好好地放空，將過去因為工作所捨棄的事物找回來，並重新學習。由於投資股票是自己過去非常喜愛的興趣之一，與股票同好間的互動更是有趣，假若可以藉由投資股票獲得不錯的報酬，甚至可以作為未來的重要收入之一。因此，第一個學習的領域便設定為股票投資。

當時心想，既然從消息面及技術面選股的結果，無法安然度過幾次的股市崩盤危機，而且現在的投資目的是退休理財，不應承受過大的風險。因此，在多方考量之下，選擇先回到校園重新學習如何研究公司基本面，並學習法人評價公司的方法，計算公司的長期價值。

我將退休投資的目標設定在年報酬率10%，其中5%的報酬率來自股利所得，

另外的 5% 來自於資本利得（股價價差）。初期選擇追蹤 30 檔長期穩定配息的績優股票，如台達電（2308）、晶技（3042）、正新（2105）等等。當股價尚未反映公司的內在價值時，選擇買進；當股價逐漸上漲並接近內在價值時，選擇賣出，初期獲得不錯的報酬。

譬如說，2012 年年中台達電的股價約 90 元時，我運用自由現金流量預估它的營運價值高達 143 元，具有相當大的價差空間，遂選擇買進。持有 1 年左右的時間，因為股價已來到當初預估的目標價，故選擇在 2013 年 4 月約 145 元賣出，獲利約 60%（詳見圖 1）。

依據大盤多空，訂定買賣決策

利用基本面來選股，確實讓我在股市賺到一筆不錯的資金。只是，隨著加權指數上漲帶動了大多數股票股價的上漲，要找到具有好買點的好公司，難度愈來愈高。而且，雖然個股股價長期會往內在價值靠近，但是短中期的波動受加權指數走勢的影響更大，加權指數的影響力常會讓股價偏離合理的價值。即使公司再好，當加權指數轉為空頭走勢時，最好還是三十六計走為上策。

有鑒於此，我在 2012 年自創判斷大盤多空走勢的預測方法，當大盤由空頭趨勢轉為多頭趨勢時，買進當時的強勢股；當大盤由多頭趨勢轉為空頭趨勢時，

圖1 持有台達電1年，獲利約60%
——台達電（2308）日線圖

台達電(2308) 日線圖 2019/08/23 開 149.50 高 149.50 低 148.00 收 149.00 ↓元 量 1266 張 -0.50 (-0.33%)

2013年4月約145元賣出，獲利約60%

2012年年中以約90元買進

註：資料統計時間為 2012.03.19 ～ 2013.12.31　　資料來源：XQ全球贏家

便將股票全數賣出。因為以加權指數判斷買進與賣出，而且以退休為主要投資目的，希望股價波動較小一點，因此選股以當時與加權指數相關度最大的元大台灣50（0050）權值股為主。由於跟著大盤走勢會有一個波段可以操作，不買飆股一樣可以擁有令人滿意的報酬。

2012年12月20日，自創的指標判斷大盤屬於多方，而且當時國泰金（2882）領先大盤突破季線，滿足強勢股的定義，當日國泰金收盤價為

圖2 買進強勢股國泰金,半年報酬率26.8%
——國泰金(2882)日線圖

註:資料統計時間為 2012.11.26 ～ 2013.07.31　　資料來源:XQ 全球贏家

31.15 元。直到 2013 年 6 月 10 日指標翻空,國泰金當天收盤價 39.5 元。約半年時間,投資報酬率為 26.8%((39.5 - 31.15)÷31.15×100%,詳見圖 2)。因為設定的投資目標只有 10%,當然容易覺得滿意。

1-5　摸索出最佳投資方式
資產以每年30%穩定成長

　　自 1996 年開始投資到現在，算一算已經在股市浸淫超過 20 年，資產也從最初像搭乘雲霄飛車一樣，忽上忽下，漸漸變成每年報酬率 30% 的穩定成長。而我的選股方式也從最開始的消息面、技術面，逐漸轉到基本面再到籌碼面。嘗試過各種選股方法以後，我認為「主要依據籌碼面的變化，並搭配技術面在關鍵時刻做出對的投資決策」才是最佳的投資方式。

自創「外資買超合理股價精算法」，避開 2018 年股市大跌

　　之所以會這樣說，是因為長期追蹤法人買賣交易與股價相關性時，我發現法人操作與股價波動之間有相當大的關聯。譬如說，法人常在股價大漲之前便先布局，也會在股價大跌之前逐漸賣出，而且常是股價漲愈多就買愈多，跌愈多就賣愈多。因此我認為，只要跟隨著法人買賣的步調再加上紀律執行，就能搭著法人的轎子一起獲利，也能避開可能的大跌風險，而我也由此建構出「外資買超合理股價精算法」（詳見第 6 章）的交易規則。

　　這套規則主要著眼於兩個部分：「外資買超」以及「精算合理股價」。為什麼要關注外資買超呢？因為外資具備了股票投資 4 大優勢：夠多錢、夠專業、夠耐心、夠多資訊，再加上外資的投資決策夠理性，且外資買賣交易資訊又能在每日盤後於台灣證券交易所的網站上取得，很適合一般散戶。

　　至於精算合理股價，相信對於股市很熟悉的人一定知道，其實 1 檔股票能夠賺進的獲利多寡，在你買進的那一刻就知道了。如果你買在高點，那麼價差的空間就比較小，甚至有可能產生虧損；但如果能夠買在低點，那麼價差的空間就擴大，有可能得到更多的獲利。只要能夠計算出目前股票的合理價格，就能判斷是否該進場。

　　利用這一套自創的「外資買超合理股價精算法」，我在 2018 年 7 月開始陸續買進聚陽（1477），平均持有成本 140 元。這次交易不僅令我成功避開了 2018 年年底的股災，而且隨著外資的持續買超，「外資買超合理股價精算法」不斷調高聚陽的最適股價。直至 2019 年 3 月，因為已經非常接近我設定的最適股價上緣，我開始陸續出清持股，平均賣出價格約為 215 元，平均報酬率約 53.6%（詳見圖 1）。

　　同樣的時間，加權指數先從 2018 年 7 月 2 日的收盤價 1 萬 777.94 點，來到 8 月 30 日的盤中高點 1 萬 1,186.05 點，接著從 10 月開始急跌至

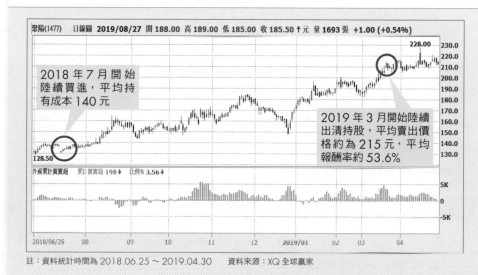

圖1　持有聚陽9個月，平均報酬率約53.6%
——聚陽（1477）日線圖

2018 年 7 月開始陸續買進，平均持有成本 140 元

2019 年 3 月開始陸續出清持股，平均賣出價格約為 215 元，平均報酬率約 53.6%

註：資料統計時間為 2018.06.25 ～ 2019.04.30　　資料來源：XQ 全球贏家

9,319.28 點（2019 年 1 月 4 日最低價，詳見圖 2），之後又緩步回升至 2019 年 3 月 29 日收盤價的 1 萬 641.04 點。從 1 萬 777.94 點到 1 萬 641.04 點，僅下跌 136.9 點，但是這段期間有多少投資人是賺錢的呢？況且中間還要經歷一段驚人的急跌，而我在這段期間的穩健報酬，才是外資買超合理股價精算法的精髓。

前面這一段描述並非想要向讀者炫耀我的操作績效，而是想要告訴讀者，我

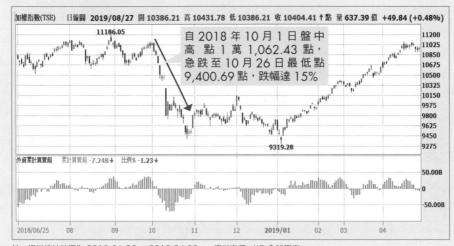

圖2 **2018年10月時，台股大盤急跌15%**
——台灣加權指數（TSE）日線圖

加權指數(TSE) 日線圖 **2019/08/27** 開 10386.21 高 10431.78 低 10386.21 收 10404.41 ↑點 量 637.39億 **+49.84 (+0.48%)**

11186.05

自 2018 年 10 月 1 日盤中高　點 1 萬 1,062.43 點，急跌至 10 月 26 日最低點 9,400.69 點，跌幅達 15%

9319.28

外資累計買賣超　累計買賣超 -7.24B↓　比例% -1.23↓

註：資料統計時間為 2018.06.25 ～ 2019.04.30　　資料來源：XQ 全球贏家

自創的「外資買超合理股價精算法」，確實是禁得起實戰考驗的。

　　或許有人會好奇，為什麼我在 2011 年離職以後，當給自己進修 1 年的期限到期時，會選擇不再重新踏入職場，轉而當起專職的投資人？這是因為我在股市中找回了自我與熱情，研究股票的投資方法不僅可以將興趣與工作結合，更能夠獲得不錯的獲利回報與成就感，拎著電腦四處旅遊與工作的我，早已經成為知識經濟工作者，再也回不去過去的工作了。

對於未來，我除了期許年化投資報酬率能夠繼續維持 30% 以外，更能夠維持對股票的熱情，繼續在股市中探索，研究創新的投資方法，並分享給對股市有興趣的有緣人。

｜第2章｜

扎穩腳步
進場前必懂知識

2-1 透過關鍵5問 量身訂製投資旅程

　　介紹完我自己，接著就來談論本書的重點——該如何投資股票？一般來說，在股票市場中，只有極少數的人賺得了大多數的獲利，少部分人擁有少數的獲利，我認為我屬於這部分的人。

　　而絕大多數投資股票的人多屬於認賠出場，或是不出場就不認為是賠錢，將賠錢股票認定為「長期投資」，滿心期待有朝一日這家公司能夠翻身，股價有機會大漲，至少可以不賠錢。我真的曾經遇過一位從未賠錢的投資人，不過這位投資人倒是滿手賠錢的股票就是了。

　　那麼，有沒有什麼方法可以讓人從「賠錢」變成「賺錢」的呢？答案是有的。我認為投資應該是一種需要特別強調「個人化」的事情，每一位股票投資者也都應該依據自己獨特的投資個性，來選擇個人化的投資旅程。

　　在開始討論股票投資之前，想先說明幾個我認為讀者必須事先釐清的問題，

像是投資的目的是什麼？投資的目標是多少？這些問題都是在幫助讀者消除內心對投資的疑慮，如此才能幫助你減輕未來在投資股票的過程中，可能遭遇的各種心魔，進而前往正確的投資道路。在進入投資前，我們可以從反問自己 5 個問題作為開始：

問題 1》我投資的目的是什麼？

或許你會說，投資的目的當然是賺錢啊，不然還會有什麼其他目的？其實每一個人的投資目的應該不太一樣，有些人投資是為了跟朋友有共同的話題；有些人是為了提升自我，增加自我的價值認同感；也有人是為了做學術上的研究，期望能找到股票投資的聖杯。

當然，我相信大多數的人投資是為了賺錢，這時你應該再問問自己，為什麼需要藉由投資賺錢？其實賺錢只是一種手段，背後一定有賺錢的目的，是為了退休？為了小孩子的教育基金？還是為了每月的固定開銷？不同的投資目的會影響到你為自己設下的「投資目標」，也就是下一個要問自己的問題。

問題 2》投資的目標是多少？

當你確定了投資的目的，接下來便是量化投資目標，而且所設定的投資目標

應該與你的投資目的相吻合。也就是説,如果你的投資目的是「為了研究新的投資方法」的話,就我的經驗,你的投資目標最好設定為「賠錢」,因為賠錢的感受會比賺錢更強烈,可能更容易研究出好的投資方法,找到你心中的投資聖杯。如果你的投資目的是「為了交朋友」,設定的投資目標最好是「0元」,這個目標讓交朋友的過程變得比較沒有壓力。

但如果你的投資目的是,要透過投資這個手段來賺錢的話,你必須設定投資的目標是賺多少錢?或者更精準一點的説法是,在你目前所擁有的投資資金下,多少的投資報酬率才能達成你的投資目的?

舉例來説,假設你 1 年需要賺 50 萬元的投資收入,如果你的投資資金有 500 萬元,那你的投資報酬率年化目標就是 10%。但是如果你的投資資金只有 100 萬元,那麼你的投資報酬率年化目標便是 50%。當你設定了投資目標之後,就可以思考這樣的目標合理嗎?以及如何達成這個目標?

問題 3》是否有成功的投資經驗?為什麼會成功?

決定好目的也設定好目標之後,接下來該回想,自己曾經有過什麼樣的成功投資經驗?這個問題是針對目前投資結果不甚理想的投資人,我想,即使投資結果再怎麼不理想,應該也曾有過值得一提的成功經驗吧。

一般投資人常常以為，只有賺很多錢才是成功的經驗。賺很多錢當然很好，但沒有賺錢的投資同樣可以是成功的經驗，譬如說，該停損的時候能夠勇於停損，成功避開了大波段下跌；即使是賠錢，這也是一種成功的經驗。

當你在回想這些成功投資經驗的時候，可以再進一步思索，為什麼你能夠成功？這些經驗可能將有助於在未來的投資旅程中，讓你繼續品嘗美好的投資獲利果實。

問題 4》是否有失敗的投資經驗？為什麼會失敗？

回想完成功經驗以後，下一步再來回想失敗經驗。我們碰到失敗的投資經驗，背後常常有很多的原因。不過我想請你再次思考的是，這些失敗原因與你自己直接相關的有哪些？

凡事反求諸己，因為你唯一能掌握的只有自己，其他影響你投資結果的原因都不是你能改變的。因此，最需要了解的是在這些失敗的投資經驗中，與你自己相關的原因占了多少比率。

極端一點來說，如果與你相關的問題占了 0%，這可能表示你未來再怎麼努力也沒有用。如果你自認為占了 99.9%，這可能意味著從你自己改變起，未來

表1 **釐清投資目的、目標、優勢等，有助於成功獲利**
——投資前自我檢核表

1.投資目的	累積退休基金
2.投資目標	每年的投資報酬率10%
3.成功經驗	勇於停損，成功避開大跌段
4.失敗經驗	該停利而未停利，結果由賺錢變成賠錢
5.投資優勢	在金融業工作20年，對金融業相當熟悉

的投資結果可能會有很大幅度的改善。

問題 5》我擁有什麼投資優勢？

思考完失敗經驗之後，下一步應該該思考，自己擁有哪些投資優勢？這一個

問題可說是所有問題中最重要的。

《孫子兵法》說：「知己知彼，百戰不殆；不知彼而知己，一勝一負；不知彼不知己，每戰必殆。」意思是指在打仗的時候，如果你了解自己也了解敵人，即使打 100 場戰爭都不會有危險；不了解敵人只了解自己，勝負將各占一半；不了解敵人也不了解自己，每一場戰役都會很危險。因此，如果能先思考自己具備的優勢，再從這些優勢出發，未來的投資旅程可能會比較順遂一點。

優勢是一種相對性的，相對於別人好就是好，只是這樣的相對性在股市上應該是要與其他投資人比較。譬如說，你工作相關的產業可能就是你的優勢之一，或是你的嗜好或與興趣相關的知識可能也是你的投資優勢，或是你對數字特別敏感，這也可能是你的投資優勢。

看到這裡，如果你已經回答完上述這 5 個問題（詳見表 1），恭喜你，你已經對自己有一番了解。也請你務必記住這 5 個問題的答案，因為你未來選擇的投資旅程，將與它們息息相關。只有選擇符合你的投資個性的旅程，才會感覺到舒適與快活。

2-2 用過去投資績效 估算個人期望報酬率

　　了解自己的投資目的以後，下一步就是找出自己期望的報酬率。一說到股票，最常聽到的一句話就是「賺多少？」在投資領域計算賺多少，指的並不是實際的獲利金額（投資本金 × 報酬率），而是報酬率。報酬率又可分為投資報酬率和期望報酬率兩種，分別介紹如下：

投資報酬率》實際投資後的結果

　　投資報酬率指的是投資獲利相對於投資本金的比率，是投資後的結果，也就是一般我們所說的報酬率。其中投資獲利若以股票而言，指的就是公司配發的股息和資本利得（價差）。在不考慮交易成本、除權配股以及現金增資的情況下，投資報酬率的計算公式如下：

投資報酬率＝投資淨損益 ÷ 本金 ×100%
　　　　　＝（配息＋價差）÷ 本金 ×100%

範例試算 1》投資報酬率

假設買進 1 檔股票，買進價格（本金）為 100 元，配息 5 元，目前股價為 110 元，投資報酬率的計算結果如下：

投資報酬率
＝〔5 +（110 − 100）〕÷100×100%
＝ 15÷100×100% ＝ **15%**

期望報酬率》投資前的評估

上述投資報酬率是計算單次投資後的實際報酬，也是一種事後的概念，是已經買進股票後的結果。但是對於股票投資而言，買進股票是一個「事前」的決策，因此要看的是「期望報酬率」。

期望報酬率可以作為評估 1 檔股票是否值得投資的工具，它的計算方式是將投資 1 檔股票以後，預期各種可能的投資報酬率乘上對應機率後的加總結果。為了讓讀者易於理解，我把股票投資的結果簡化成只有「獲利」及「虧損」兩種可能。

期望報酬率的公式如下，特別注意的是，預期獲利（虧損）機率指的是投資

這檔股票後,可能獲利(虧損)的機率;預期獲利(虧損)率指的是投資這檔股票後,如果是獲利(虧損)的狀況,可能的投資報酬率:

> 期望報酬率＝預期獲利機率 × 預期獲利率＋預期虧損機率
> × 預期虧損率
> 其中,預期獲利機率＋預期虧損機率＝1

若小賺大賠,期望報酬率恐為負值

了解兩種報酬率的差異之後,接著要說明如何更好地運用期望報酬率。

根據施羅德投信 2019 年 7 月發布的「2019 施羅德全球投資人大調查」,59% 的台灣投資人認為,過去 5 年的績效並未到達原本設定的投資目標。而台灣投資人對於股市的年期望報酬率(收益＋資本利得)平均為 10.7%。

也許有人會感到困惑,報酬率 10% 真的有這麼難嗎?如果只是單指一次的股票投資,10% 的投資報酬率似乎不難。但若是以期望報酬率的角度來看,難度就大很多了。

以範例試算 2 來解釋,即使 A 股票預期獲利率達 15%,但是計算出來的期望報酬率卻只有 5% 而已。在其他條件不變下,A 股票如果想要達到期望報酬

範例試算 2》期望報酬率

有兩檔股票 A、B，假設買進 A 股票的獲利機率是 60%，預期獲利率為 15%，預期虧損率為 -10%；買進 B 股票的獲利機率是 80%，預期獲利率為 10%，預期虧損率 -10%。請問這兩檔股票值不值得投資？假若只有一筆資金，應決定買進哪一檔股票？

① A 股票的期望報酬率
＝ 60%×15% ＋（1 － 60%）×（-10%）
＝ 5%

② B 股票的期望報酬率
＝ 80%×10% ＋（1 － 80%）×（-10%）
＝ 6%

值不值得投資的考量，必須是以期望報酬率來做決策，而不是依據可能的獲利率。乍看之下，A 股票的可能獲利率 15% 似乎很誘人，但是考量獲利機率以及預期虧損率後的期望報酬率是否誘人，就因人而異了。

至於應該買進哪一檔股票就必須依照個人的投資屬性而定，如果是厭惡風險的投資人，B 股票可能是比較好的選項；如果是風險愛好者，A 股票可能是比較好的選項。

率 10% 的水準，它的預期獲利率需要高達 23.3% 才可以辦到：

期望報酬率 10% ＝ 60%× 預期獲利率＋（1 － 60%）×（-10%）

→預期獲利率＝ 23.3%，但在實際情況下，想要有 23.3% 的預期獲利率卻不太容易。

至於該怎麼計算自己的期望報酬率呢？這就要請讀者自行計算過往的投資紀錄。假設你曾經做了 10 筆的投資交易，其中獲利與虧損的次數各有幾次，平均的獲利率以及平均虧損率各為多少，這樣就能計算出專屬於你自己的期望報酬率了。累積愈多次的投資交易，就愈能精準地計算出你的專屬期望報酬率。

要注意的是，假使你是一個投資獲利就會忍不住想賣（預期獲利率 10%），投資虧損就捨不得賣（預期虧損率 -20%），選股能力又不是特別厲害（預期獲利機率 50%）的一般投資人，你就是我稱之為「小小賺、大大賠」的投資人類型。你知道你注定是輸錢的一員嗎？以期望報酬率的觀點就可以算給你看：

小小賺大大賠投資人的期望報酬率＝ 50%×10% ＋（1 － 50%）×（-20%）＝ -5%

不過，讀者也不用太過失望，期望報酬率的公式中也隱藏了幾個驚喜，讓 10% 的期望報酬率成真。只要你能做點小小的改變，調整你的投資行為，改成大大賺（預期獲利率 20%）、小小賠（預期虧損率 -10%）、獲利機率 50% 的投資人類型。在這種情況下，期望報酬率將變成多少呢？

大大賺小小賠投資人的期望報酬率＝ 50%×20% ＋（1 － 50%）×（-10%）
＝ 5%

如果讀者可以找到一個創新的投資方法，讓獲利機率提高至 70%，並且改變
自己的投資行為變成「大大賺、小小賠」的創新投資人，此時期望報酬率將變
成多少呢？

創新投資人的期望報酬率＝ 70%×20% ＋（1 － 70%）×（-10%）＝ 11%

沒錯，這就對了！只要調整投資行為，並找出提高獲利機率的方法，就能讓
你成為投資的贏家，達成你的投資目標：期望報酬率 10.7%。

學會辨識贏家與好牌 做好萬全準備

2-3

看完前述幾個章節後，相信你對於自己已經有一定的了解。下面我們將再進一步確認，你是否真的已經準備好了？我們只需要確認兩件事情即可：

確認 1》你是否找到台股的大贏家了？

大自然有一個很特殊的數字比率：「80/20 法則」，主要的意義在於多數（80%）只能造成少許影響，少數（20%）卻能造成重大影響。而此法則也適用於股票投資，我經常用它來解釋股票投資的結果。

假設台灣股市共有 100 個投資人，投資的結果可以分成贏家圈（獲利的投資人）以及輸家圈（虧損的投資人）。如果套用 80/20 法則，股票投資結果的分布應該會如同下列的說明：

贏家圈僅占了少數的 20%，只有 20 人（100×20%）投資人獲利。若進

圖1 **投資圈中，僅有4%的人拿走80%的獲利**
──股市中的80/20法則

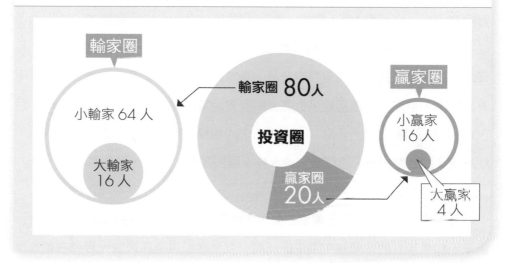

一步區分，贏家圈中只有 4 人（20×20%）屬於大贏家，他們贏走了大部分（80%）的總獲利金額，另外的 16 人（20×80%）就只是小贏家，分配另外剩餘 20% 的獲利金額（詳見圖 1）。

輸家圈則是占了多數的 80%，也就是有 80 人（100 人 ×80%）投資人虧損。若進一步區分，輸家圈中有 16 人（80×20%）屬於大輸家，他們承擔了大部分（80%）的總虧損金額，另外的 64 人（80×80%）是小輸家，分配另外 20% 的總虧損金額。

　　從 80/20 法則衍生出台股投資人的投資結果，可以說明為什麼大多數的台灣投資人總是虧損的居多。由此也可以看出，投資台灣股市真的很難，除非讀者擁有了在 100 個投資人當中，可以打敗另外 80 人的投資能力，否則必然成為輸家圈的一員。在這些虧損的 80 人中不乏高知識分子，以及擁有多年投資經驗的資深股民，或許現在的台股小贏家比起過去歷史多了一些，但千萬不要忘記了，目前的加權指數是位在台股歷史相當高點的位置上（2019 年 8 月 26 日收在 1 萬 354.57 點），除非未來的加權指數能夠繼續創更高的價位，創造更高的台股市值，否則未來進入贏家圈的難度一定會比現在高。

　　現在的贏家，絕不是未來贏家的保證，將我的過去投資經驗作為一種警惕吧。但是，如果現在的你是輸家圈中的一員，就更應該思考未來會一直待在輸家圈的可能性了。看到這裡，你已經清楚你是贏家還是輸家了嗎？

　　大文豪托爾斯泰（Lev Nikolayevich Tolstoy）曾說過，「幸福的家庭都是相似的，不幸的家庭各有各的不幸。」在股票市場也是一樣，能夠成為贏家的人，都有類似的成功模式，而失敗的人都各自有不同的原因。

　　雖然我自認為是現在的台股小贏家，但還是每天戰戰兢兢，深怕不小心成為輸家圈的一員，所以緊緊跟隨長期大贏家的投資腳步。第 5 章會告訴讀者，我認為台股的長期大贏家是誰。

　　如果你也想像我一樣脫離輸家圈，就必須先知道誰才是台股的大贏家。找到之後就緊緊跟隨他，效法他的投資方法，改變讓自己成為輸家的壞習慣，如此才有進入贏家圈的機會。

確認2》你能找到台股的好牌嗎？

　　找到台股大贏家以後，下一步就是找出台股的好牌。

　　股票市場是一個有人買，就勢必得有人賣的市場，在這樣的情況下，很難產生「共好」──大家一起賺錢的情境；取而代之的是有如電影《飢餓遊戲》般──「不是你死，就是我亡」的慘烈情境。

　　每一次的股市大波動就是另一次財富重分配的機會，就你過去的投資經驗而言，你是屬於這一場飢餓遊戲的贏家還是輸家呢？或是你跟過去的我一樣，努力工作累積資產的結果，就只是享受曾經擁有過的快樂，最後呢？再一次嘗到被分配給贏家圈的苦果。

　　如果你在這個遊戲中已經連輸了好幾場，運用與過去同樣的投資方法有機會變成下一場飢餓遊戲的贏家嗎？知名物理學家愛因斯坦（Albert Einstein）曾經說過：「什麼是瘋子？運用同樣的方法卻想要有不同結果的人就是瘋子。」

　　若不想再繼續當一個台股投資界的瘋子，在找到可贏錢的投資方法之前，必須先改變你對股市的想法。電影《KANO》中有一句話深入我心：「不要想著贏，而是要想著不能輸。」在台灣股市中，大多數的一般投資人都想要贏，如果讀者可以先想著不能輸，再來思考如何贏，就確定你不是投資界的瘋子了。

　　至於該怎麼做呢？《孫子兵法》裡說的：「昔之善戰者，先為不可勝，以待敵之可勝。不可勝在己，可勝在敵。」就是最佳寫照。只有先立於不敗之地，才能進一步思考如何打倒對方。通俗一點的例子是，當你坐在麻將桌打牌，不幸拿到一手爛牌時，你會怎麼打牌？唯一能做的事就是不要放槍，等到拿到一手好牌時，再來思考如何好好地大贏一場，就是同樣的道理。

　　在股市中，一般投資人比起法人有一個非常大的優勢，那就是雖然坐在牌桌上，但是卻可以不用每次都進場的優勢。只要不進場就不會輸，因此，一般投資人可以等到拿了一手好牌時再進場。只是這項優勢需要一個前提，你必須具備看得懂好牌或爛牌的能力。因此你要思索的是，對你而言，什麼是台股的好牌呢？如果不清楚如何找到好牌的人也別擔心，我在第 6 章會介紹找到好牌的方法。

　　最後提醒讀者，投資股票之前還須先想好準備投入多少的資金比率。假設你有 100 萬元的資金，你會投資多少比率在股市呢？如果是以小賭怡情的玩票

心態，只是準備以一個不大的資金比率（約 30%）來投入股市，我會恭喜你往贏家圈更進一步，這樣的輕鬆心態會幫助你避免在關鍵時刻做錯投資決策。如果你是以一個打算放手一搏，準備投入較大資金比率（70% 以上）的投資人，我會非常慎重地建議你，好好想清楚再說，必須事先準備好一切才行。

玩家與玩命的差別在於「專業」與「準備」，如果你不具備專業的能力便想不顧一切往前衝，就是玩命。當你具備了專業的能力並做好萬全的準備之下，才是玩家。即使是完成所有準備的專家，還是必須面對即使是小於萬分之一機率的粉身碎骨的可能，更何況是準備不足的業餘人士呢？

台灣股市會一直存在，不必急著進來玩命，把自己的投資能力準備好了，再以專業及萬全的準備進入台灣股市，成為台股的專業玩家。

| 第3章 |

看懂股市
消息面與技術面

3-1 消息面投資重點》 2方法獲得第一手資訊

看完第 2 章之後,相信讀者對於自己已經有一定的了解。但這還不夠,讀者還須再了解一些關於股市的基礎知識。接下來就先和大家介紹一下在投資股票時,需要注意的 4 個面向——消息面、技術面、基本面以及籌碼面。這 4 個面向都是影響股票投資非常重要的訊息,而且也都各有其擁護者。

下面我會簡單介紹各個面向常用的指標、這些指標所代表的意思,以及我個人的看法與運用方法。至於該如何選擇,端看你的能力,有興趣深入研究的讀者,可再找尋相關的書籍閱讀。由於要介紹的東西較多,所以我會拆成兩個章節——第 3 章先介紹我在投資前期較常運用的消息面和技術面,第 4 章則是我自己在投資後期著墨較多的基本面和籌碼面。下面先來介紹消息面。

掌握第一手消息,坐等股價上漲

「凡事有人先知道」是消息面投資人不變的信仰。要知道股價的上漲勢必會

有一個主要的推動因子，不論這個推動因子是公司獲利改善、收到大筆訂單或即將購回庫藏股等，這個消息一定有人會先知道。

通常第一手消息一定是公司的內部人，像是公司的董事長、財會主管等會最先得知相關訊息。另外，法人與投顧公司，甚至是主力作手也會運用各種管道得到公司尚未公開的重大訊息。

一般來說，只要事先知道重大訊息便能提前（錢）買進，等到消息正式公開時，就可以坐在轎子上，等其他人來抬轎。更不用說是當有心人大力介入，對於股價的推升力量更是有直接影響。

也就是說，當你擁有了一條直達天聽的電話線時，就能比絕大多數人早幾步得到對股價最有利的資訊。這也就是為什麼市場上流傳「千線萬線不如一條電話線」的原因。

消息面的選股方式基本上可以分為兩種：

跟著「題材」投資》漲幅大但多半為短線

消息面也稱為題材面，如果能夠搭上產業的長期大轉機題材，所得到的投資

報酬將非常可觀。每年台股總是不斷上演這些轉機題材,特別是每年年底時各公司提出的明年展望,更是法人以及投顧公司追逐的焦點。

然而,真正實現美好願景的公司總是少數,通常短線題材居絕大多數。不過,當題材真的實現時,股價的上漲是非常迷人的。最近一次的經典案例就是 2018 年被動元件的產業大轉機,最具代表性的公司就是被動元件大廠國巨(2327)。

攤開線圖來看,國巨的股價從 2018 年 1 月 2 日盤中低點 342 元,漲到 2018 年 7 月 3 日盤中高點 1,310 元,短短 7 個月股價就暴漲了 283%((1,310 - 342)÷342×100%,詳見圖 1),夠迷人了吧?不過,你知道國巨在 2016 年年底的股價是多少嗎?是 58.6 元(2016 年 12 月 30 日收盤價),不可思議吧!誰知道在 2018 年,國巨股價將如此令人驚奇呢?

只是,跟著題材走會有一個大問題,那就是一般投資人很難判斷這家公司究竟是短線題材?還是產業的長期大轉機?兩者的差別在於,股價究竟是一時的激情,還是一段驚奇之旅?

如果你曾經在 2016 年年底,以 58.6 元的價格買進國巨,你會如何判斷被動元件的產業前景呢?你會在 2017 年 6 月 9 日股價漲到 114 元時就短線賣

圖1 被動元件產業轉機帶動國巨股價，7個月漲了283%
——國巨（2327）日線圖

國巨(2327) 日線圖 2019/08/30 開 213.00 高 227.00 低 212.00 收 227.00 ↑元 量 20059 張 +20.50 (+9.93%)

2018 年 1 月 2 日
盤中低點 342 元

2018 年 7 月 3 日
盤 中 高 點 1,310
元，短短 7 個月股
價就暴漲了 283%

1310.00

276.00

2017/12/01　2018/01　02　03　04　05　06　07

註：資料統計時間為 2017.12.01 ～ 2018.07.31　　資料來源：XQ 全球贏家

出？或是會選擇長抱，直到國巨上漲到 1,310 元呢？前者的獲利雖然不錯，有 94.5%，但後者的獲利卻高達 2,135.5%，兩者相差 20 倍左右。這就是消息面的大問題了，如果判斷錯誤，獲利就會差很多。

　通常這類長期大轉機股，一開始多半屬於長期景氣相當低迷的產業，此時股價都會處於相當低檔的位置，成交量也相當少。例如，國巨在 2016 年 12 月 30 日的股價才 58.6 元，日成交量僅 915 張，真的沒有多少人注意。但是，

這種股票一旦產業出現好轉現象，雖然還沒有多少人注意到這 1 檔股票，股價已經一飛沖天、大漲一大段了，要奮力一追真的需要相當大的勇氣。

此外，在面對這種長期大轉機股時，你敢買進多少金額？我想，除非你是該產業具有領導地位的公司大老闆，否則即使買進了，應該金額也不多。再來，你還必須有極大的持股勇氣；否則，即使賺了 1 倍賣掉，後續還有 20 倍的懊惱（漲幅）在等你。

就我個人經驗而言，題材十之八九真的就只是題材，無法成為一個美麗的故事，這些題材最後都變成主力坑殺散戶的手段罷了。看看有多少的股票呈現 V 型反轉的走勢，怎麼上去就怎麼下來的慘狀。

同樣以國巨為例子，它在 2018 年 7 月漲到最高點 1,310 元之後就一路崩跌，到 2019 年 8 月 26 日，股價只剩 209 元，跌幅高達 84%（（209 － 1,310）÷1,310×100%，詳見圖 2）。

跟著「投顧老師」投資》最好是當最高等級的會員

除了跟著題材走以外，還有一種常見的消息面選股方式，那就是跟著股市達人投資。這種投資方法的消息來源不外乎是投顧老師的每日報告，以及投顧老

圖2 2018年中國巨股價V型反轉，跌幅高達84%
——國巨（2327）日線圖

國巨(2327)　日線圖 **2019/09/03 開 236.00 高 237.50 低 232.50 收 234.50 ↓元 量 6184 張 -1.50 (-0.64%)**

2018 年 7 月 3 日
盤中高點 1,310 元

1310.00

2019 年 8
月 26 日 股
價 僅 剩 209
元，跌幅高
達 84%

99.90

2017/06/26　10　11　12　**2018/01**　03　04　05　06　07　08　09　10　11　12　**2019/01**　03　04　05　06　07　08

註：資料統計時間為 2017.06.26 ～ 2019.09.03　　資料來源：XQ 全球贏家

師在電視上的解盤，或是透過財經雜誌等方式得到消息。

如果想跟著投顧老師投資股票，必須做到下列兩件事：

首先，必須要長期追蹤這位投顧老師的過去績效，並了解這些老師帶領會員買賣股票的方法。有許多正派經營的老師真的是學有專精、很厲害的投資界前輩，這些前輩的績效是可以打聽到的。

其次，必須留意你的會員等級。會員等級代表的就是你所得到的消息屬於第幾手，如果你得到消息的管道僅止於電視、報紙或是雜誌等，是一般大眾都唾手可得的消息，表示當你得到消息時，普羅大眾也都已經知道了。如此一來，這些消息本身的價值可能就不是很高了，甚至可能是為了找人抬轎或是準備出貨的消息罷了。

「天下沒有白吃的午餐」，因此，如果你打算跟著投顧老師投資股票，最好就是當一個最高級的會員，至少可以拿到第一手消息，只是需要支付的會員費用可能不低，這就是時間的價值。

消息面分析難題》 如何確認資訊含金量？

3-2

介紹完消息面分析的運用方法以後，接著我們來看運用這種分析方式會面臨什麼難題：

難題 1》你得到的是第一手消息嗎？

3-1 有提到，運用消息面選股除了要確認消息的正確性之外，聽到消息的時機也是很重要的。如果你上車的時間比較早，就可以安穩地等著被人抬轎；如果你上車的時間比較晚，那就要小心可能會進場接刀子。因此，當你在聽到消息後，準備進場之前必須先確認一件事：「你得到的是第一手消息嗎？」

要確認得到的消息是否為第一手消息，最簡單的辨別方式就是先用 Google 搜尋關鍵字，確認是「新聞」還是「舊聞」，並判斷消息發生機率有多高。如果你無法確定得到的是不是第一手的消息，也沒有能力判斷消息發生的機率，那麼根據我的經驗，建議你不用對這個消息太過認真。因為通常出現這種情形

時，這一則消息大家都早就已經知道了，股價也應該早已反映過了，消息的價值應該不高。

難題 2》你有判斷真題材的能力嗎？

我認為，對於產業長期趨勢而言，只有長期研究該產業的專家才有能力預測產業的前景。而一般我們所看到或聽到的消息、題材，大多是為了解釋目前股價的故事，對研判未來股價趨勢沒有多大幫助，甚至可能是有心人士的刻意操縱行為。

因此，如果讀者像我一樣，只是一般投資人，一定不具備判斷真題材的能力。所以類似每年公司新展望的題材，除非你是該產業的專家，否則聽聽就好。畢竟這個世界上，應該很少公司會在年初就提供不好的展望吧？如果真的有這樣的公司，表示這家公司經營者具備誠信，反而是值得追蹤的好公司。

難題 3》你追的股票會不會是「被封口的豬」？

消息面擁護者最常用的一句話就是：「站在風口上，連豬都會飛。」所以盡可能地找尋那些超級大的風口，以發掘風口前面的豬。當然這是一條捷徑，不需要花時間釣魚，就直接有一頭豬可以享用。只是使用這種方法必須認真確認

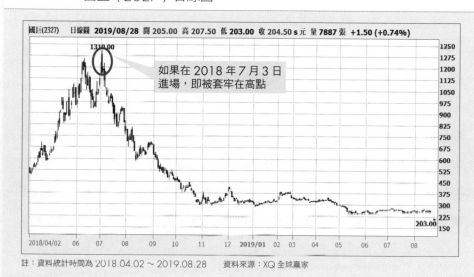

圖1 追錯股票，進場可能被套在最高點
——國巨（2327）日線圖

如果在 2018 年 7 月 3 日進場，即被套牢在高點

註：資料統計時間為 2018.04.02～2019.08.28　　資料來源：XQ 全球贏家

的是，風口真的夠大嗎？這隻豬離風口多遠？畢竟再大的風，如果距離風口太遠，即使是隻小小豬，也很難吹動牠吧？更何況，你還很有可能是其他人眼中那隻被封了口、待宰的肥豬。

　　什麼是被封口的豬呢？在實務上，經常會在個股的股價高檔時，出現利多消息，但隔日開盤股價卻非一路向上，反而是在大漲之後翻黑，出現長黑 K 棒。請讀者再重新看看國巨 2018 年 7 月 3 日的黑 K 棒，買在那一天的投資人真

的是有苦說不出，像不像是被「封口」的豬呢（詳見圖1）？

再提醒讀者一次，台灣股市是一場飢餓遊戲，不要想著贏，而是要想著不能輸。你知道約 1 年期間，股價幾乎回到原點的國巨，融資賠了多少錢嗎？將近 700 億元就這樣從融資戶移轉至其他帳戶中。

根據我的判斷，這筆錢既不是移轉至外資與投信，也沒有移轉到政府相關資金，而這些有能力用融資買進股價約 1,000 元的國巨，買進 1 張的自備款就需要約 40 萬元，這些融資戶會是一般散戶嗎？我想應該不是吧，那麼這些有錢融資戶的股票資產，究竟是轉移至誰的帳戶呢？應該很容易猜測了吧？

3-3 技術面投資重點》用K線圖判斷中長期趨勢

　　看完消息面的分析以後，接著來看技術面。技術面分析是從研究過去的資料來預測未來的可能性。預測的先決條件必須建立在歷史會不斷重複發生的基礎上，透過收集歷史資料（如過去的股價及成交量資料），並大量運用統計分析工具來預測未來可能的股價走勢，作為買進與賣出的依據。

散戶無法獲得最即時資訊，難以預測當天股價走勢

　　我運用技術指標的重點在於判斷中長期的股價趨勢，因為每天股價的漲跌與即時性的資訊比較相關，一般投資人無法得到最即時的資訊，所以比較難以預測當天的股價走勢。相對容易的是對中長期股價趨勢的判斷，當股價出現中長期趨勢時，未來走勢比較可能會依據既有的趨勢方向發展。

　　什麼是趨勢？當股價的高點愈來愈高，且低點不再破低，就屬於向上趨勢。而當股價的低點愈來愈低，且高點不再創新高，就是一種向下趨勢。也就是說，

股價中長期趨勢向上的股票，後續的股價比較可能會繼續上漲；股價中長期趨勢向下的股票，後續的股價比較可能會繼續下跌。

接下來我將介紹幾種重要的技術分析工具及其運用重點，由於內容頗為豐富，會分成多個章節介紹——3-3 先介紹 K 棒的類型與型態、3-4 與 3-5 介紹移動平均線和投資方法、3-6 介紹趨勢線、3-7 介紹技術面的難處。至於其他的技術分析工具，礙於篇章有限，請讀者自行參考其他技術分析的書籍。

認識重要 K 棒類型與型態

運用技術分析時最常用到的是 K 線圖，主要包括 K 線及各種均線，先來介紹 K 線。K 線又稱陰陽線，是技術分析的基本，K 線型態是由每天的 K 棒連結而成。而 K 棒又是由開盤價、最高價、最低價及收盤價 4 個價格所組成（詳見圖 1）。通常 1 根 K 棒會包括上影線（最高價至實體 K 棒間的線段）、實體 K 棒（開盤價與收盤價之間的塊狀圖形）及下影線（實體 K 棒至最低價間的線段）。

依據開盤價與收盤價的高低，再把 K 棒分成紅 K 棒以及黑 K 棒兩種。紅 K 棒表示收盤價大於開盤價，代表的意義是當天追高的買盤；黑 K 棒表示收盤價小於開盤價，代表的意義是當天殺低的賣盤。一般看盤軟體會將黑 K 棒設定為綠色，與每日股價的漲跌顏色相似，方便讓投資人有更直覺的顏色判斷。

圖1 若收盤價高於開盤價，則為紅K棒
——紅K棒vs.黑K棒

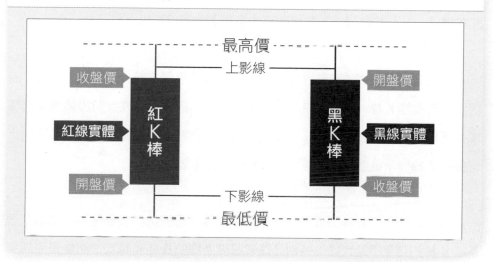

　　每根K棒都透露了當天的股價強弱走勢、買賣方的力道，以及投資人的情緒反應。兩根以上的K棒形成1個型態，有些重要的K棒類型更會影響到未來的股價走勢，因此必須了解K棒所透露的資訊以及代表的意義。在這裡僅簡單介紹幾個經常使用，而且對於未來股價有影響力的K棒型態，以及我個人對這些K棒型態的研究心得。另外，由於我認為「外資買超股」是最值得觀察的股票類型（原因詳見第5章），因此下面的解說都是以外資買超股為主。

1.長紅K棒／長黑K棒

長紅 K 棒與長黑 K 棒是經常出現的 K 棒類型，而且相當程度地影響投資人的情緒。至於怎樣算是「長」K 棒？我的經驗是只要 K 棒長度（abs（收盤價÷開盤價－1），其中 abs 為取絕對值的意思）大於 3% 以上即可。

長紅 K 棒表示追價的買盤非常強烈，對於未來股價走勢具有多頭的意義。若個股出現長紅 K 棒，股價通常會先續漲一段，不過需要注意此時股價屬於高檔或是低檔。股價低檔出現長紅 K 棒時，後續股價漲幅可能比較大；股價高檔出現長紅 K 棒時，後續股價漲幅可能比較小（詳見表 1）。

當股價跌破長紅 K 棒的低點時，就必須相當注意後續的股價發展，通常跌破長紅 K 棒的結果不是太好，特別是跌破股價高檔的長紅 K 棒時，可能是引誘多頭買盤的波段起跌點。

長黑 K 棒表示殺低的賣盤非常強烈，對於未來股價走勢具有空頭的意義。若個股出現長黑 K 棒，股價通常會先續跌一段，同樣需要注意此時的股價屬於高檔或是低檔。股價高檔出現長黑 K 棒時，未來股價跌幅可能比較大；股價低檔出現長黑 K 棒時，未來股價跌幅可能比較小。但是如果股價出現長黑 K 棒且創新低價時，就要小心可能會有再跌一波的可能性。

當股價突破長黑 K 的高點時，就必須相當注意後續的股價發展。通常突破長

表1 股價低檔出現長紅K棒時，股價後續漲幅可能較大
——長紅K棒vs.長黑K棒

股價位置	股價後續可能走勢	
	長紅K棒	長黑K棒
低檔	漲幅較大	跌幅較小
高檔	漲幅較小	跌幅較大

黑 K 棒的結果都還不錯，特別是股價低檔時的長黑 K 棒被突破時，可能是引誘殺低賣盤的波段起漲點。

2.長下影線／長上影線

就我個人的觀察而言，下影線與上影線的長度至少大於 3%，比較具有參考性。計算公式如下：

> 下影線長度＝ min（收盤價, 開盤價）÷ 最低價－ 1，
> 其中，min 為取最小值的意思
> 上影線長度＝ 最高價 ÷Max（收盤價, 開盤價）－ 1，
> 其中，Max 為取最大值的意思

長下影線對於未來股價可算是正面訊號，不過股價大約有 50% 的機率會再回測下影線的低點（詳見表 2）。因此，可先觀察後續股價是否能守住下影線

的低點，以及是否突破下影線當天的高點，再決定是否買進。

　　長上影線對於未來股價可算是負面訊號，股價約有 70% 的機率會繼續下跌。即使後續突破上影線的高點，股價繼續上漲的幅度也不會太高。如果出現長上影線，且當日的股價創新低價，表示上面的壓力相當大，建議還是先出場觀望。

3.開低走高／開高走高／開高走低／開低走低

　　開盤價是每天最重要的價格之一，代表台股所有的投資人消化自昨天收盤至今天開盤前的全部訊息後的第 1 個反應。

① 開低走高／開高走高》重點在股價「走高」

　　「開低走高」表示股價開盤已經反映了開盤前的利空消息，開低盤後有另一波買盤進入，而且買進的力量足夠消化掉原先的賣壓並把股價推高。若出現此種狀況表示這波買盤並不擔心這次的壞消息，這次的壞消息可能是假議題，是引誘殺低後的起漲點。

　　「開高走高」表示股價開盤反映了開盤前的利多消息，開高盤後有買盤把股價繼續推高，表示這股買盤對好消息更具信心，這次的好消息可能是真議題。

　　因此，就我個人的觀察而言，不論是出現開低走高或開高走高 K 棒，都屬於

表2 若出現長上影線，股價約有70%機率會下跌
—— 長下影線vs.長上影線

	長下影線	長上影線
涵義	正面訊號，但股價約有50%的機率會再回測下影線的低點	負面訊號，股價約有70%的機率會繼續下跌
操作方法	先觀察後續股價是否能守住下影線的低點，以及是否突破下影線當天的高點，再決定是否買進	若當日股價創新低價，表示上面的壓力相當大，建議還是先出場觀望

正面訊號，股價繼續走高的機率約有70%。但是如果後續股價回測該根K棒的最低價時，建議不要因為股價便宜而買進，反而是回測之後的突破才可能是比較好的買點。

② 開高走低／開低走低》重點在股價「走低」

「開高走低」表示股價開盤已經反映了開盤前的利多消息，但是開高盤後有另一波賣盤，而且賣出的力量足夠消化掉原先的買盤並把股價壓低。若出現此種狀況表示這波大量賣盤對好消息不具信心，這次的好消息可能是假議題，是引誘買多的起跌點。

「開低走低」表示股價開盤反映了開盤前的利空消息，股價開低盤後有賣盤把股價再殺低。若出現此種狀況，表示這波賣盤更擔心這次的壞消息，且這次

表3 開盤後股價走高，皆屬於正面訊號
——開低走高／開高走高 vs. 開高走低／開低走低

	開低走高／開高走高	開高走低／開低走低
涵義	正面訊號，股價繼續走高的機率約有70%	負面訊號，股價繼續下跌的機率約有70%

壞消息可能是真議題。

　　因此，就我個人的觀察而言，不論是出現開低走低與開高走低 K 棒，都屬於負面訊號，股價繼續下跌的機率約有 70%（詳見表 3）。但是如果後續股價突破出現該根 K 棒的最高價時，反而可能是好的買點。

4.底部覆蓋線／頂部覆蓋線

　　「底部覆蓋線」是由兩根 K 棒搭配而成的型態，須滿足「前 1 天收長黑 K 棒，且今天長紅 K 棒的收盤價，高於前 1 天實體黑 K 棒的中間價」的條件。

　　就我個人的觀察而言，通常出現長黑 K 棒以後，隔日股價繼續下跌的可能性比較大。但如果隔日收長紅 K 棒且股價上漲，可能表示前 1 天的賣壓已經消化完畢，取而代之的是推高股價的買盤，對於未來股價走勢有正面的意義，直接上漲的機率將近 70%。即使後續股價回測長黑 K 棒的低點，也有很高的機率會

表4 若出現底部覆蓋線，未來股價上漲機率近70%
——底部覆蓋線vs.頂部覆蓋線

	底部覆蓋線	頂部覆蓋線
定義	前1天收長黑K棒，且今天長紅K棒的收盤價，高於前1天實體黑K棒的中間價	前1天收長紅K棒，且今天長黑K棒的收盤價，低於前1天實體紅K棒的中間價
涵義	正面訊號，未來股價上漲機率接近70%	負面訊號

突破續漲，是一個值得買進的K棒型態。

「頂部覆蓋線」也是由兩根K棒搭配而成的型態，須滿足「前1天收長紅K棒，且今天長黑K棒的收盤價，低於前1天實體紅K棒的中間價」的條件。

就我個人的觀察而言，通常出現長紅K棒以後，隔日股價繼續上漲的可能性比較大。但如果隔日收長黑K棒且股價下跌，可能表示前1天的買盤已經消失，取而代之的是殺低股價的賣壓，對於未來股價走勢有負面的意義，需要特別注意。不過，若股價跌破前1天長紅K棒的最低價後，再次突破長紅K棒的高點，表示長紅K棒的買盤戰勝黑K棒的賣壓，此時可以考慮買進（詳見表4）。

3-4 技術面分析工具1》均線基本應用3重點

　　看完 K 線圖的相關介紹以後，接著來看移動平均線（以下簡稱均線）。均線是以投資人每日買進的平均價格所描繪出來的線，例如 5 日均線（又稱週線，短期交易判斷依據）是由 5 日平均價連成的線，其中 5 日平均價＝連續 5 日的收盤價相加之後再除以 5。均線可以當成是所有投資人在某一段時間的平均成本，可以看出股價過去走勢的趨勢性。

　　均線與股價經常扮演類似狗（股價）與主人（均線）的關係（編按：科斯托蘭尼（André Kostolany）的「遛狗理論」原用來指股價（狗）與總體經濟（主人）的關係）。股價的波動較大，就像是一條活潑好動的狗，但是均線就像是主人拉著一條隱形的繩子，股價（狗）就會在均線（主人）附近移動。在此情況下，股價不可能漲到天上去，通常也不太可能會無止境地一直跌（當然準備下市的股票是會這樣跌的），狗（股價）最後還是會回到主人（均線）的身邊。

　　一般來說，均線的運用重點有 3 個——股價位置、持續時間與均線斜率：

股價位置》在均線上方視為多方，下方則為空方

股價位置代表了多方或空方。一條均線將股價 K 線圖劃分成兩部分：當股價位置在 N 日均線之上時，可視為 N 日線多方；當股價位置在 N 日均線之下時，視為 N 日線空方。

以 240 日均線（又稱年線，長期交易判斷依據）作為例子，當股價位於年線之上時，可以視為年線多方，未來股價比較偏向上漲；當股價位於年線以下時，可以視為年線空方，未來股價比較偏向下跌。

持續時間》判斷真假突破或跌破的依據

突（跌）破 N 日均線，意味股價在 N 日均線之上（下）持續期間可能會達到 N 日以上。例如，「股價位置由年線之下向上突破」代表未來股價位於年線之上的持續時間可能長達 1 年以上，未來 1 年股價上漲的機會大增，可能值得買進。

相反地，「股價位置由年線之上向下跌破」代表未來股價會在年線之下的持續時間可能會超過 1 年，未來 1 年股價下跌的機會大增，可能必須停利或是停損，以規避未來可能會有 1 整年的套牢時間。

　　若以短期均線，像 5 日均線、10 日均線等為標準，優點是可以快速獲利了結，並避免較大的股價下跌風險，缺點是可能無法享受較大波段的可能獲利。若以長期均線，像是 240 日均線、200 週均線（超長期交易判斷依據）等為標準，優點是可以享受較大波段的可能獲利，缺點是可能會有較大的股價下跌風險。

　　至於要依據哪 1 條均線作為主要的買賣判斷，端視每個人的投資個性決定。我自己經常使用的均線有 5 條——分別是 5 日均線、20 日均線（又稱月線，中期交易判斷依據）、60 日均線（又稱季線、股價生命線，中期交易判斷依據）、240 日均線以及 200 週均線（詳見表 1）。

　　不過，個人建議如果不是非常厲害的股市交易者，具有非常優越的短線股價走勢的判斷能力，否則還是宜長不宜短。或者也可以採取折衷的方式，以季線作為中期買賣交易的判斷依據，當股價突破季線時買進，當股價跌破季線時選擇賣出。如此一來，既可以享受短期與長期的優點，可能的缺點也相對小。

　　持續時間除了可以用來判斷買賣的時機點之外，也可以當作真假突破（跌破）的判斷依據。從上述觀點出發，當股價突破年線後，尚未滿 1 年又跌破年線，經常是假跌破，假跌破常是另一次的股價起漲點；當股價跌破年線後，尚未滿 1 年又突破年線，經常會是假突破，假突破常常又是另一個股價的起跌點，不可不慎。在運用「持續時間」判斷真假突破（跌破）時，中、大型股因為股價

表1　20日、60日均線皆為中期交易判斷依據
——常用均線

均線	其他名稱	長短期交易判斷依據
5日均線	週線	短期
20日均線	月線	中期
60日均線	季線、股價生命線	中期
240日均線	年線	長期
200週均線	無	超長期

波動較小，可靠性比較大，而小型股的股價波動較大，適用性低一點。

　　以記憶體大廠南亞科（2408）為例，股價從 2018 年 5 月 17 日盤中高點 107.5 元下跌 25%，於 2018 年 7 月 2 日跌破年線。跌破年線之後股價曾經稍作反彈，來到 89.7 元（2018 年 7 月 16 日盤中高點），但很快 2018 年 7 月 19 日（收盤價 80.2 元）就再度跌破年線，之後股價更是毫不客氣地下跌一大段，直到 2018 年 10 月 25 日最低價 45.1 元才止跌。從 2018 年 7 月 19 日最後一次跌破年線計算到 2018 年 10 月 25 日止，跌幅高達 43.8%（（45.1－80.2）÷80.2×100%）。

　　從圖 1 的南亞科日線圖也可以看出，當股價跌破年線支撐之後，如果沒有立即漲回年線之上，後果經常就像南亞科 2018 年 7 月 19 日之後的走勢一樣，

可說是深不見底。

　　後續南亞科股價曾在 2019 年 4 月底嘗試挑戰年線壓力，但因此時距離 2018 年 7 月 19 日最後一次跌破年線的時間未滿 1 年，判斷突破時機尚未成熟。直到 2019 年 7 月 9 日，股價突破年線，因距離上次跌破將近滿 1 年，研判可能是真突破。果真，南亞科在這次突破年線之後，短短半個多月股價就從 62.8 元（2019 年 7 月 9 日收盤價）漲到 77.8 元（2019 年 7 月 28 日盤中高點），漲幅約 23.9%（（77.8 − 62.8）÷62.8×100%）。

均線斜率》大於 0，具支撐股價功能

　　均線的「斜率」代表股價趨勢與均線功能。斜率的符號有正負之分，當均線的斜率＞ 0 時，表示股價趨勢向上，此時均線具有「支撐」股價的功能。當股價由高點往下跌到斜率＞ 0 的均線時，通常股價會在均線附近得到支撐而不再繼續下跌。

　　同樣以南亞科為例，雖然股價在 2018 年 7 月 2 日跌破年線，但此時的年線為正斜率，具有支撐功能，因此短線反彈至年線之上，直到 2018 年 7 月 19 日才真正跌破年線。不過當時的年線斜率還是正的，因此股價又再次嘗試往年線反彈，只是年線斜率已經開始平緩，年線的支撐功能變小，股價反彈力

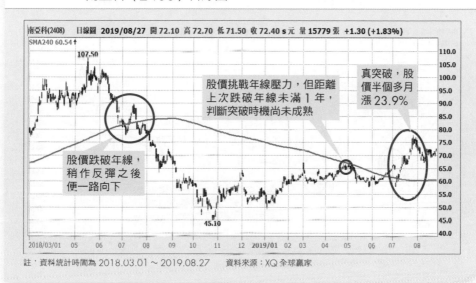

圖1 2018年中南亞科突破年線後即下跌，屬假突破
—— 南亞科（2408）日線圖

南亞科(2408) 日線圖 2019/08/27 開 72.10 高 72.70 低 71.50 收 72.40 s 元 量 15779 張 +1.30 (+1.83%)

SMA240 60.54 ↑

股價挑戰年線壓力，但距離上次跌破年線未滿1年，判斷突破時機尚未成熟

真突破，股價半個多月漲23.9%

股價跌破年線，稍作反彈之後便一路向下

107.50

45.10

2018/03/01 05 06 07 08 09 10 11 12 2019/01 02 03 04 05 06 07 08

110.0 105.0 100.0 95.0 90.0 85.0 80.0 75.0 70.0 65.0 60.0 55.0 50.0 45.0 40.0

註：資料統計時間為 2018.03.01～2019.08.27　　資料來源：XQ 全球贏家

道不足，之後便開始大幅度下跌。

　　反之，當均線的斜率＜０時，表示股價趨勢向下，此時均線具有股價「壓力」的功能。當股價由低點往上漲到斜率＜０的均線時，通常股價會在均線附近受到壓力而不再繼續上漲。

　　例如 2018 年 11 月 19 日，雖然南亞科的股價突破季線，但是此時季線為

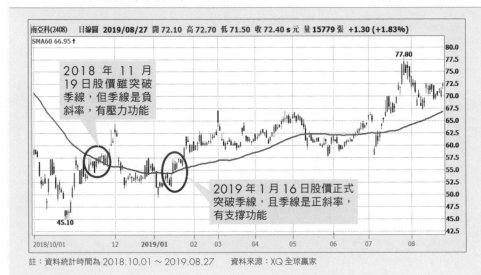

圖2　南亞科突破季線且季線為正斜率時，股價走勢向上
——南亞科（2408）日線圖

南亞科(2408)　日線圖 **2019/08/27** 開 **72.10** 高 **72.70** 低 **71.50** 收 **72.40 s** 元　量 **15779** 張　**+1.30 (+1.83%)**

SMA60 66.95 ↑

2018 年 11 月 19 日股價雖突破季線，但季線是負斜率，有壓力功能

2019 年 1 月 16 日股價正式突破季線，且季線是正斜率，有支撐功能

77.80

45.10

2018/10/01　　12　**2019/01**　　02　　03　　04　　05　　06　　07　　08

註：資料統計時間為 2018.10.01 ～ 2019.08.27　　資料來源：XQ 全球贏家

負斜率，具有壓力功能。直到 2019 年 1 月 16 日股價才正式突破季線，此時的季線已經變為正斜率，變成具有支撐功能（詳見圖 2）。

均線斜率的正負號代表股價趨勢與功能，而斜率的絕對數值則代表了趨勢與功能的力道，當絕對數值愈大，均線的支撐與壓力的功能就愈強大。當均線呈現高角度上漲時，均線的支撐力道最強，經常發生股價自最高點回測，碰觸到均線之後會再繼續下一波的上漲走勢；當均線呈現高角度的下跌，均線壓力也

圖3 月線高斜率向下，南亞科一碰到月線就再度下跌
──南亞科（2408）日線圖

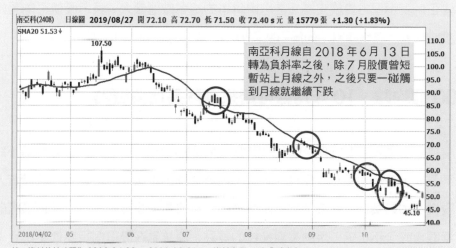

南亞科月線自 2018 年 6 月 13 日轉為負斜率之後，除 7 月股價曾短暫站上月線之外，之後只要一碰觸到月線就繼續下跌

註：資料統計時間為 2018.04.02 ～ 2018.10.31　資料來源：XQ 全球贏家

會最大，經常發生股價自最低點回升，碰觸到均線之後會再繼續下一波的下跌走勢。

　　同樣以南亞科為例，當股價自 2018 年 5 月 17 日的高點向下急跌，月線自 2018 年 6 月 13 日轉為負斜率之後，月線就呈現高角度向下，月線壓力非常大。自此，南亞科除 2018 年 7 月一度短暫站上月線之外，其餘時間股價大多一碰觸月線便再次下跌（詳見圖 3）。

此外，均線的斜率符號與絕對數值的變化都可能會是股價走勢的轉折點，須密切注意。當均線斜率符號由正轉負，表示支撐變成壓力；當均線斜率符號由負轉正，表示壓力變成支撐。當均線斜率的絕對數值變大，表示股價可能開始大漲或大跌；當均線斜率的絕對數值變小，表示股價可能開始區間盤整。

200 週均線、10 年均線可用來判斷長期買賣點

前述內容主要適用於年線以下的均線，而超長期均線，像是 200 週均線（約4 年）或 10 年均線（120 月均線），則有特殊的用法。經常聽到一般投資人在股價高檔時買進，股票套牢後便會說「就當成長期投資好了」。其實這樣的投資觀念完全不正確，所謂長期投資的買點，應該是在股價創長期低點時買進才對，而不是在長期高點時買進。

也就是說，當你準備投資這檔股票 10 年以上時，最好是等到股價跌到 10年均線附近時再來買進，絕對不可以在股價創 10 年高點時買進，這才像是股神巴菲特（Warren Buffett）的做法——即使是好公司，都應該等到壞事情發生，出現不好的股價時才買進。

如何判斷好公司的壞股價呢？超長期均線提供了一個判斷點，當股價跌到200 週均線甚至是 10 年均線附近時，都可以作為壞股價的判斷原則。

另外，對於台灣加權指數（TSE）來說，10 年均線是一個非常重要的心理關卡。只要突破 10 年均線，台灣股市便走大多頭行情；只要跌破 10 年均線，台灣股市便走大空頭行情，「10 年一大運」也就是這個意思。因此當股市面臨 10 年均線關卡時，每每皆會看到政府的積極喊話與做多股市，只是如果連政府做多都無法解決股價下跌的狀況時，建議務必先行退出股市。

加權指數過去幾次跌破 10 年均線後，繼續下跌的幅度與速度都非常嚇人，像是 2000 年 10 月，大盤跌破 10 年均線以後，股價從當時 10 年均線（6,243.72 點）急跌到 2001 年 9 月 26 日最低點 3,411.68 點，跌幅高達 45%（（3,411.68 － 6,243.72）÷6,243.72×100%）。之後一直到 2006 年 8 月，大盤才又站回到 10 年均線之上。

隨後加權指數又於 2008 年 9 月再次跌破 10 年均線，此次的跌破，股價從當時 10 年均線（6,552.60 點）繼續急跌到 2008 年 11 月 21 日最低點 3,955.43 點，跌幅又高達 40%（（3,955.43 － 6,552.60）÷6,552.60×100%）。直到 2009 年 6 月突破 10 年均線以後，加權指數不斷向上攀升，2019 年 9 月 2 日，加權指數已經來到 1 萬 634.85 點，10 年均線在 8,937.43 點。

提醒讀者，自 2009 年 6 月以來，台股已經走了 10 年大多頭，如果加權指

圖4 大盤以10年均線為基準，突破走多、跌破走空
—— 台灣加權指數（TSF）月線圖

註：月線圖中 SMA120 為 10 年均線；資料統計時間為 1987.01.06 ～ 2019.08.01　　資料來源：XQ 全球贏家

數再次跌破 10 年均線，投資人就必須非常小心，因為這次的跌破可能是「來真的」。相信經歷過 2000 年科技泡沫以及 2008 年金融海嘯蹂躪的資深投資人，應該對於當初的急速崩盤還有餘悸猶存的感受吧（詳見圖 4）。因此，務必謹慎小心對待。

技術面分析工具2》
均線型態投資法

3-5

看完移動平均線（以下簡稱均線）的基本介紹以後，下面來介紹兩種常見的均線投資法——月季線黃金（死亡）交叉型態以及均線糾結型態。

月季線黃金（死亡）交叉型態》判斷股價中長期趨勢

當股價上漲，帶動月線向上突破季線時稱為「月季線黃金交叉」；當股價下跌，帶動月線向下跌破季線時則稱為「月季線死亡交叉」。當月季線出現黃金交叉時，通常會有中期的上漲波段；當月季線出現死亡交叉時，通常會有中期的下跌波段。所以，當月季線出現黃金（死亡）交叉時，都會是一個很好的買（賣）點。

當月季線出現黃金交叉時，通常股價都已經從相對低檔往上漲了一段。由於實務上月季線黃金交叉後的股價經常會先向下回測，因此，實際的買進價格建議可以設定在季線附近，也就是等股價回測季線時再行買進。

表1 月季線出現黃金交叉後，可待股價回測季線再買進
——月季線黃金交叉vs.月季線死亡交叉

	月季線出現黃金交叉	月季線出現死亡交叉
定義	股價上漲帶動月線向上突破季線	股價下跌帶動月線向下跌破季線
買進／賣出時機	可設定在季線附近，等股價回測至季線再行買進	可設定在季線附近，等股價回升至季線再行賣出

　　當月季線出現死亡交叉時，通常股價都已經從相對高檔向下跌一段了。由於實務上月季線死亡交叉後的股價經常會先向上回升，因此，實際的賣出價格建議可以設定在季線附近，也就是等股價回升至季線再行賣出（詳見表1）。

　　以砷化鎵大廠穩懋（3105）為例，在2018年5月4日出現月季線死亡交叉，股價回升至季線（2018年5月14日盤中高價288.5元）後開始大跌，最低來到2018年10月29日86.7元，波段跌幅將近70%（（86.7－288.5）÷288.5×100%，詳見圖1）。

　　之後穩懋股價開始上漲，至2018年12月4日高點139元後回測季線，並於2018年12月13日出現月季線黃金交叉型態，股價繼續盤整至2019年1月4日盤中低點108.5元，之後開始上漲，最高上漲至2019年4月18日的240.5元，波段漲幅高達122%（（240.5－108.5）

圖1 穩懋出現月季線死亡交叉後，股價下跌近70%

——穩懋（3105）日線圖

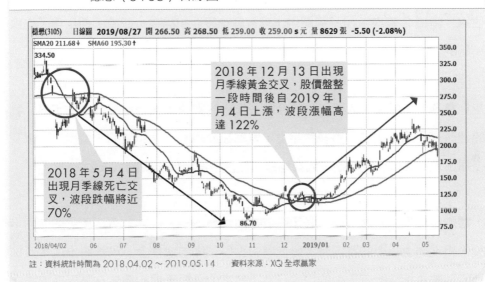

穩懋(3105) 日線圖 2019/08/27 開 266.50 高 268.50 低 259.00 收 259.00 s 元 量 8629 張 -5.50 (-2.08%)

SMA20 211.68↓ SMA60 195.30↑

334.50

2018 年 12 月 13 日出現月季線黃金交叉，股價盤整一段時間後自 2019 年 1 月 4 日上漲，波段漲幅高達 122%

2018 年 5 月 4 日出現月季線死亡交叉，波段跌幅將近 70%

86.70

註：資料統計時間為 2018.04.02～2019.05.14　　資料來源：XQ 全球贏家

÷108.5×100%）。

均線糾結型態》若出現突破點，將帶動股價向上

除了月季線黃金（死亡）交叉外，均線糾結亦是個值得認真了解的技術型態。

一般投資人通常是以 3 條均線作為評估線，至於要以哪 3 條均線作為評估線，

完全視投資人的交易習慣。短期投資人會以 5 日均線、10 日均線、20 日均線作為評估線,我個人偏好以 20 日均線、60 日均線、240 日均線作為長期評估線。當這 3 條均線在 K 線圖中出現像麻花般地糾結在一起時,便出現了均線糾結的條件。

在實務上,經常有人問必須符合哪些量化的數據才符合均線糾結的定義,我的建議是不用太糾結在這些數字上,重點在於觀察均線糾結的「型態」,以及後續出現的突破或跌破點,因為均線糾結後經常出現股價的大波動。

當均線出現糾結狀況時,表示股價走向趨勢不明,此時若有明確的突破點,股價出現向上表態的狀況時,股價將帶動每一條均線往上,均線將出現多頭排列的型態(指當所有天期的均線皆為正斜率,且短天期均線皆在長天期均線之上),也就是股價將出現一個長期的大多頭趨勢。

相反地,此時若有明確的跌破點,股價出現向下表態的狀況時,股價將帶動每條均線往下,均線將出現空頭排列型態(指所有天期的均線皆為負斜率,且短天期均線皆在長天期均線之下),也就是股價將出現一個長期的大空頭趨勢。

通常突破點或跌破點需要一個明確的上漲或下跌訊號,例如開高走高訊號、帶量長紅 K 棒等(詳見 3-2)。

圖2 鈊象突破均線糾結，漲幅高達144%
—— 鈊象（3293）日線圖

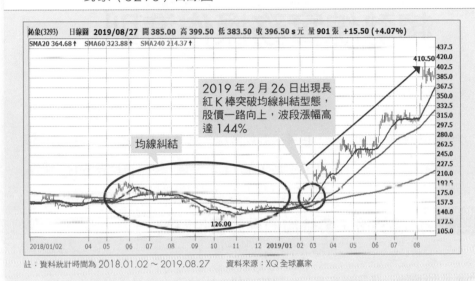

註：資料統計時間為 2018.01.02 ～ 2019.08.27　　資料來源：XQ 全球贏家

　　以遊戲研發商鈊象（3293）為例，於 2019 年 2 月 26 日出現長紅 K 棒突破均線糾結型態，月均線（SMA20）、季均線（SMA60）、年均線（SMA240）呈現多頭排列之後，股價自當日最低點（168 元）上漲至 2019 年 8 月 14 日最高點 410.5 元，波段漲幅高達 144%（（410.5 － 168）÷168×100%，詳見圖 2）。

3-6 技術面分析工具3》趨勢線實務操作準則

介紹完移動平均線以後，接著來看趨勢線。趨勢線是觀察股價中長期趨勢的另一個重要工具，主要是用來判斷股價的未來走勢，強調的是股價的「慣性」。

股價形成趨勢後，會依據原來的慣性移動

由於趨勢的形成需要先累積一段的能量，因此當股價具備趨勢性以後，未來的股價走勢將會依據原來的慣性移動，趨勢形成後，也需要一段時間的累積之後才能被破壞。故而趨勢線通常屬於中長期的股價判斷準則，而不是短線股價判斷。

趨勢線的畫法很簡單，只要將兩個K棒的高點（低點）連結起來，就能夠畫出。例如將兩個K棒的高點連結起來，就可以畫出高點的趨勢線，也就是上緣線，代表股價的壓力；將兩個K棒的低點連結起來，就可以畫出低點的趨勢線，也就是下緣線，代表股價的支撐。

　　由於趨勢線的重點在於看出股價的趨勢性，因此，實務上不用太斤斤計較於要連結哪兩個點，重點是盡量連結多個股價區間高點（低點），如此才能真實表現出這一個波段的趨勢。

　　而連結趨勢線的期間端看投資人的分析是屬於短期或是長期，趨勢線的期間愈長，愈能表彰出股價的長期趨勢性，愈需要尊重長期趨勢線所代表的功能。

　　趨勢線可以依照上升趨勢、下降趨勢，以及連結高、低點區分成4種類型——分別是上升趨勢上緣線、上升趨勢下緣線、下降趨勢上緣線，以及下降趨勢下緣線。

　　上升趨勢線表示過去一段時間股價呈上漲走勢，當股價屬於上升趨勢型態時：

1. **上升趨勢下緣線**：是支撐買點。
2. **上升趨勢上緣線**：是壓力點，也是買進停利點。

　　下降趨勢線表示過去一段時間股價呈下跌走勢，當股價屬於下降趨勢型態時：

1. **下降趨勢下緣線**：是支撐點，也是放空停利點。
2. **下降趨勢上緣線**：是壓力點，也是放空賣出點。

操作宜順勢而為，以免弄巧成拙

由於未來的股價走勢將依照原先的趨勢行進，直到另一股累積夠大的能量將原先的趨勢破壞為止。因此個人建議，一般投資人使用趨勢線投資法時，務必採取順勢而為的買賣操作，千萬不要逆勢而為。也就是說，不要輕易嘗試在上升趨勢型態時放空股票，更不要嘗試在下降趨勢型態時買進股票。畢竟壓力與支撐都只是一個參考依據，當股價突破壓力或跌破支撐時，可能會有一個急遽的股價噴出走勢，逆勢而為的操作反而可能弄巧成拙，造成買賣步調混淆。

以砷化鎵大廠穩懋（3105）為例，自 2018 年 4 月 16 日開始的下跌趨勢中，股價回升至下降趨勢上緣線便再度下跌，碰到下降趨勢下緣線便再度上漲。直到 2018 年 11 月 27 日突破下降趨勢上緣線後，開始另一段上升趨勢。

進一步解釋，當穩懋股價在 2018 年 6 月 7 日出現第 2 個高點後，股價開始第 2 波下跌段，此時便可以連結 2018 年 4 月 16 日以及 2018 年 6 月 7 日的高點，畫出下降趨勢上緣線。當股價反彈至 2018 年 7 月 16 日，碰觸到下降趨勢上緣線，便可以在此執行放空交易。

後續股價跌至 2018 年 7 月 30 日後反彈，此時可以連結 2018 年 4 月 26 日以及 2018 年 7 月 30 日的低點成下降趨勢下緣線，並於 2018 年 8 月

圖1　長紅K棒突破下降趨勢上緣線後，才扭轉下降趨勢
──穩懋（3105）日線圖

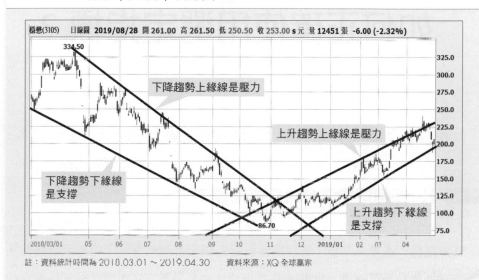

註：資料統計時間為2018.03.01～2019.04.30　　資料來源：XQ全球贏家

16日再次接近下降趨勢下緣線時，可以執行放空回補交易。依此類推，直到
2018年11月27日出現長紅K棒突破下降趨勢上緣線，才正式扭轉下降趨
勢型態（詳見圖1）。

3-7 技術分析難題》 如何正確使用選定指標?

與消息面分析相同,技術分析同樣也有自己的難題,大致可以分為下列 3 點:

難題 1》 如何選擇適合的技術指標?

技術指標的數量非常多,每種指標看起來似乎都值得嘗試。但是因為每個指標的分析重點都不一樣,經常出現 A 指標認為是買點,B 指標卻認定是賣點的不一致現象,投資人究竟該如何選擇?如果你還只是剛剛開始研究技術面的投資人,建議你只要選擇 1 個主要判斷的技術指標,最多再加上 1 ~ 2 個附屬指標協助判斷即可。同時觀察太多的技術指標,通常只是造成更複雜的狀況而已,對投資人其實沒有多大的幫助。

難題 2》 回測結果經常不具參考性

拜科技的進步,以及大量數據的開放,現在股價交易資料的取得相當容易。

因此有許多投資人利用網站或是看盤軟體，針對各種技術指標進行歷史資料的回測，期望可以找到最佳的投資策略。然而，可惜的是，回測結果經常不具參考性。

根據我的經驗，一般情況下，運用這些工具計算的回測結果，經常是大約50%的獲利機率。但就統計學來說，50%是最不具參考性的機率值。獲利機率50%，其實就跟擲銅板決定差不多的意思。如果是這樣的話，我寧可使用擲銅板決定買或賣就好，因為簡單多了。

此外，回測期間不同，回測產生的結果常常差異很大，若出現此種現象表示這項技術指標的穩定性不足。穩定性不足的指標很難運用，因為在不同的時間點有不同的適用性時，除非投資人具備判斷目前適用哪一個技術指標的能力，才能加以運用；但這樣一來，使用技術指標的難度又增加了。

舉例來說，同樣的技術指標在大盤多頭時期，以及大盤空頭時期的回測結果可能會差很多。3-3中介紹長紅K棒對於股價具有正面影響，影響程度會與大盤有關，當長紅K棒出現在大多頭趨勢時，對於股價的正面影響程度較高；當長紅K棒出現在大空頭趨勢時，對於股價的正面影響程度就會較低。因此，在執行技術指標回測前，應該先確定這段期間大盤的多空走勢，才比較會有一致的結果。

難題 3》技術指標欠缺量化數據支撐

　　市面上介紹技術指標的書籍非常得多，針對各項指標的說明也非常詳實，但大多只是純粹以字句解釋指標的涵義，並透過個人累積的經驗，提供案例說明運用這些指標後的成果。

　　譬如說，長紅 K 棒傳統上是一個對於股價具有正面意義的指標，對於股市投資人的心理更具有追價的激勵作用，在關鍵價位時的帶量長紅 K 棒突破更是正面，一定可以找到非常多長紅 K 棒帶量突破之後股價大漲的案例。

　　但投資人可曾想過，出現長紅 K 棒後股價下跌的案例到底有多少呢？長紅 K 棒到底代表的是大漲或下跌的開始點？目前似乎沒有量化數據可以檢驗這些指標的有效性，因此以這些指標作為買進與賣出交易的依據，似乎缺少了說服力。

　　因此，必須依靠個人長期累積的經驗來解決這個問題，但是每個人的經驗又不可能非常全面，所以還需要汲取其他人的經驗，盡量避免造成瞎子摸象的另一個窘境。

　　提供我個人的經驗，當股價原先呈現多頭走勢，而且已經上漲超過 30% 時，出現長紅 K 棒不一定是好買點。但是如果股價後續跌破這一根長紅 K 棒低點時，

對於股價就有非常負面的影響了，可能有主力拉高誘多的出貨現象，應該盡快賣出比較好。

當股價原先呈現空頭走勢，而且已經下跌超過 30% 時，出現長黑 K 棒不一定是好賣點。但是如果股價後續突破這一根長黑 K 棒高點的話，對於股價就具有正面的意義，可能有主力殺低誘空的進貨現象，應該關注後續的股價走勢。

| 第4章 |

透析個股
基本面與籌碼面

4-1 基本面投資重點》 把握公司轉變時機獲利

第 3 章已經介紹過消息面分析和技術面分析，接著來看基本面分析和籌碼面分析。先來看基本面分析：

簡單來說，基本面分析就是研究一家公司的「內在價值」。基本面學派認為，公司的長期股價會往公司的內在價值移動，因此會選在公司的股價低於內在價值時買進，當股價高於內在價值時賣出。

透過看盤軟體＋公開資訊，深入分析個別公司

在實務上，影響公司內在價值的涵蓋範圍相當地廣泛，大致上可以分成下列 3 項：

1.**總體經濟分析**：用來判斷經濟景氣的好壞，包括國際和國內各項經濟指標，如 GDP 成長率、通貨膨脹率、利率、匯率、失業率等。

2. 產業分析：用來關注產業的供需狀況，包括各產業的未來發展、目前銷售量、產品價格變動等。

3. 公司分析：用來推算公司內在價值，包括公司的未來發展前景、目前營收與盈餘狀況、產品與原料價格等。

雖然只有 3 項，但其中包含的分析項目實在是太過龐大與專業，特別是總體經濟分析及產業分析，除非你是經濟學家或產業專家，否則一般投資人很難將這些數據運用在實際的股票交易上。相對較容易的是個別公司分析，除了要觀察的東西較少外，許多相關資料除了可以利用券商看盤軟體取得以外，一般投資人也可以在公開資訊觀測站（網址：mops.lwse.com.tw/mops/web/index）找到，很方便。因此，建議大家可以將精力放在公司分析上面。

就公司分析而言，我認為它的觀察重點在於「轉變」。轉變有兩種可能，一種是情況好轉、一種是情況轉差。然而，不論是變好或是變壞，當公司基本面出現轉變時，股價就可能會有比較大的波動。若投資人利用得好，不但有機會可以賺進價差，還能避開潛在的地雷股。

但要注意的是，公司基本面轉變的當下，其與股價波動之間，並不一定有絕對的正向關係，當轉變方向與股價波動間出現合理關係時，就比較容易解讀（詳

見表 1)。例如當基本面好轉且股價上漲時,如果好轉狀況可以持續,持有這家公司的股票就較有可能賺很多。當基本面變壞且股價下跌時,如果變壞的狀況持續,避開或甚至是賣出這家公司的股票就較有可能不會賠太多。

如果轉變方向與股價波動間出現不合理關係時,就需要更深入的研究,很難直接得到結論。不過這樣的不合理關係通常也不會持續太久,會逐漸往合理的關係發展。因此,投資人只要觀察公司基本面的轉變情況與股價波動之間的關係,就能大致判斷目前是適合進場還是該出場。

從月營收年成長率、轉虧為盈指標,估算內在價值

至於公司基本面應該要觀察哪一些指標呢?我個人認為比較重要的觀察項目有下面兩個:

指標1》月營收年成長率

計算公司內在價值需要非常專業的財務素養,其中包括兩個非常重要的數字——貼現率以及盈餘成長率。分別介紹如下:

① **貼現率:**貼現率與公司內在價值呈反向關係——貼現率愈高,公司內在價值愈低。貼現率與現在的市場利率有關,所以當市場利率走低時,貼現率也會

表1 若基本面好轉但股價反而下跌，則為不合理關係

——公司基本面轉變方向與股價波動的關係

股價方向	公司基本面好轉	公司基本面變壞
上漲	合理	不合理
下跌	不合理	合理

跟著下降，公司的內在價值便提高，通常這時股價便會跟著走高。這也可以說明為什麼只要聽到中央銀行宣布降息，通常股價都會大漲的原因了。

② **盈餘成長率**：雖然貼現率對於股價有所影響，但那並非公司能夠決定的，因此我們要關注的是公司的盈餘成長率。盈餘成長率與內在價值呈正向關係——盈餘成長率愈高時，內在價值愈高。所以當公司公布盈餘大幅成長的財務報表時，股價通常都會以大漲回應好消息。可惜的是，財務報表每季才公布一次，是股價的落後指標，若等到公司公布盈餘狀況以後才進場，通常股價已經大漲一波了。

那麼是否有辦法可以搶先一步知道公司盈餘情況呢？答案是有的，我們可以關注「月營收年成長率」，它可以說是盈餘成長率的先行指標，也是我認為基本面分析最需要關注的項目。通常營收公布好消息之後，伴隨而來的應該是盈餘的成長，因此投資人需要非常關注公司每個月的營收狀況。

依據《證券交易法》規定，台灣上市（櫃）公司必須在每月的 10 日之前，公布上個月的營收狀況。我個人認為這是政府對於投資人的一大德政，可以幫助一般投資人比較即時地了解各公司的財務狀況，不用等到季報公告時才發現原來自己投資到地雷公司，或是在公布好消息之前股價早已經先行大漲反映未來利多，結果等到真正公布財報利多時，股票卻是利多出盡。

了解月營收年成長率的重要性之後，下一步就要介紹它的觀察重點。成長率是一個相對的概念，是這一期的數字相對於基期（前期）數字的差異。月營收年成長率的計算公式如下：

月營收年成長率＝（今年本月營收 ÷ 去年本月營收－1）×100%

我在觀察月營收年成長率時，會特別關注目前月營收年成長率處於「衰退」的公司，觀察是否有衰退幅度減少的趨勢，甚至由衰退轉為正成長，以及低成長率突然變成高成長率的公司，一直維持在高成長的公司反而不會是我的選擇。原因有下列 2 個：

① 衰退公司的月營收比較基期變低

去年月營收衰退意味著今年的比較基期變低，因此若今年開始轉為正成長時，後續成長率相對容易變得更高。

而去年高成長的公司也意味著今年的比較基期變高，加上公司要一直維持高度成長的難度比較大，成長率變小將造成公司內在價值變低，對於股價也是一個負面的影響，股價表現可能會是盤整甚至下跌。所以當股價位於高檔位置，出現不如預期的財報時，股價通常會以大跌反映，此時反而可能是成長率變低時的一個賣出時機點。

② 衰退公司的股價位於相對低點

由於月營收衰退對於股價是一個非常負面的影響，股價通常會以大跌反映。因此，對於衰退幅度變小或剛由衰退轉為成長的公司來說，此時的股價應該會在相對低點的位置，投資人可以買在相對的低價。

就我個人的經驗而言，觀察月營收年成長率是否有好轉的方式最適用於消費型電子股，因為每年都有新產品發表，特別是手機產業，新機訂單賞味期只有1年。也就是說今年接到新訂單，並不代表明年新手機訂單還會繼續；今年沒有接到新訂單，也不是意味著明年沒機會。因此，如果能善加運用月營收年成長率指標，長期來說，應該會有很好的獲利回報。

找出月營收年成長率衰退幅度縮小的公司以後，接著要觀察法人買賣超。一般來說，月營收年成長率與法人買賣超之間的關係共有4種可能，分別是：月營收年成長率正成長＋法人買超、月營收年成長率正成長＋法人賣超、月營收

年成長率負成長＋法人買超、月營收年成長率負成長＋法人賣超（詳見表2）。

　　其中需要特別注意的是，若月營收年成長率是正成長，但法人卻是賣超時，表示法人不認同現在的成長率，或是對未來的營收不甚樂觀。若月營收年成長率是負成長，但法人買超時，表示法人可能認為現在是營收的谷底，並看好未來的基本面轉機。這兩個不合理的狀況都可能會有股價大幅波動的機會，建議讀者需要特別關注。

指標2》轉虧為盈

　　除了月營收年成長率之外，轉虧為盈是另一個重要的基本面觀察重點。

　　與衰退相比，虧損對於股價的影響更是負面。一家長期虧損的公司，應該是整體產業處於非常不景氣的狀態，或是個別公司的產品不具競爭力所導致。我將公司盈餘公式簡化如下：

公司盈餘＝本業損益＋業外損益
其中，本業損益＝銷售量 ×（產品售價－產品成本）－管銷成本

　　就本業損益而言，當產業不景氣或公司競爭力不足導致虧損時，股價將因壞消息而呈長期下跌趨勢，此時的股價應該會在相當低點的位置。這時候如果產業景氣好轉（銷售量增加），或是能夠提升產品競爭力（售價提高或是成本下

表2 **若月營收年成長率與法人動向不吻合,須特別留意**
——月營收年成長率與法人買賣超的關係

月營收年成長率	法人買超	法人賣超
正成長	法人看好後市	法人不認同現在的成長率,或是對未來的營收不甚樂觀
負成長	法人可能認為現在是營收的谷底,並看好未來的基本面轉機	法人看衰後市

降),使得公司本業的獲利狀況改善而轉虧為盈,將會帶來正面的影響。

由於基本面轉變經常會持續一段時間,在公司轉虧為盈的情況下,對於股價的中長期上漲趨勢具有相當大的正面影響,若是挑對股票,買進之後就可以享受中長期的資本利得(股價價差)。

從「成長率」的角度來看轉虧為盈,從負轉正代表極大的盈餘成長率,此時公司的內在價值大大增加,股價當然會有相當大的上漲空間。與之相反的是,當公司發布獲利預警或是轉盈為虧的財務報告時,公司的內在價值將大大減損,股價將會大幅度地下跌,投資人務必盡快賣出手中的股票。

但要注意的是,如果公司轉虧為盈是因為業外利益的原因,像是出售土地、資產等,由於其屬於一次性的利益,短期或許股價漲幅可觀,但是因為此種獲

利方式不可複製,故不建議中長期投資人買進。

　　根據我的經驗,觀察公司本業損益最好的指標就是「毛利率」。毛利率上升通常代表公司的產品競爭力提升,或是目前市場的供給與需求間的關係改善。我將毛利率公式簡化如下:

$$\text{毛利率}＝（\text{產品售價}÷\text{產品成本}－1）×100\%$$

　　毛利率上升的主要原因,可能是產品價格上升或成本下降。然而,除非公司產品屬於獨占市場或是寡占市場,對於產品價格具有絕對影響力,否則產品售價通常比較難上升。

　　因此,毛利率上升所代表的意義就是公司的競爭力上升(成本下降),或是市場對於公司產品的需求增加(價格上升),這些因素都會直接影響到未來的盈餘成長。所以一旦毛利率上升,公司的內在價值也會跟著提高,當然對於股價具有非常正面的影響。

4-2 基本面分析難題》 如何判斷公司未來好壞？

介紹完基本面分析的觀察要點之後，下面要來聊聊基本面分析的難題，我認為主要有 3 道：

難題1》現在的好公司＝未來的好公司嗎？

基本面分析最重要的概念是研究「過去」的經營成果，找到過去表現好的公司，並「期望」這一家公司能在「未來」持續有好的表現。整體而言，這個概念當然是對的，只是這中間存在著一個很大的問題：「未來」。研究公司過去的表現只能夠讓我們知道，這一家公司目前表現良好，但未來是否能繼續有好的表現，我們卻無法肯定，因為預測未來是一件非常困難且專業的工作。

就常理來說，除非你是長期研究該產業的專業研究員，對於產業與公司有專業且獨特的見解，否則一般投資人應該是完全沒有能力判斷公司未來的好壞，只能仰賴法人機構所做的評估報告。只是，你願意且有能力付出多少錢來購買

這些報告呢？或只是憑藉網路或報紙得到這些訊息？即使你願意花錢，但你又如何能夠確定，自己得到的是有用的資訊呢？而那些專業的研究員，甚至是公司的經營者，面對複雜且多變的經濟環境，對於產業的前景又能夠看多遠呢？

我特別尊重會直言自家公司未來景氣不明的經營者，也會特別關注該公司的經營結果，等待公司轉變的買進時機。至於那些永遠只會說自己公司很好的經營者，他們的言論或許就不太有參考價值了。

難題 2》好公司＝好股價＝好買進價格嗎？

運用基本面分析的目的在於，找到一家好公司。然而好公司＝好股價＝好買進價格嗎？

「好公司＝好股價」通常是對的，只是「好」股價通常是「不好」的買進價格。投資大師巴菲特（Warren Buffett）的名言之一：「你要做的事情是，按照低於企業內在價值的價格購買一家企業的股票。」

什麼時候會有好的買進價格呢？只有當好公司遇上壞事情的時候才會有好價格可以買，這也是我會特別關注營運衰退公司以及等待基本面好轉的原因。如果是經營者曾表示未來狀況不佳的公司就更好了，當這位值得尊敬的經營者改

口公司未來營運狀況不錯時，這番言論就更值得相信了。

依照這個概念修正上述公式，價值投資概念的投資人應該遵循這樣的價值投資公式：「好公司＋壞事情＝壞股價＝好買進價格」。也就是說，投資人需要關注好公司的壞消息，然後一直等到好的買進價格才買進。因此，基本面投資人最需要的資訊是「壞消息」，而不是好消息。

假設你自詡是一位價值投資者，你每天注意的是好消息或是壞消息？目前價值投資者使用的選股指標大多適用於現在的好公司，買進好股價的好公司，當公司發生壞事情時，賣出壞股價的好公司。從股神的角度來看，或許只做對了一半，可能你的賣點才是股神的買點。

難題 3》你具備「鋼鐵般的意志力」嗎？

前面提到，好公司必須要出現壞消息，並且等到出現壞股價時才是好的買進時機，然而這段等待壞股價的過程卻十分漫長與磨人。而且，股價的最低點是無法預測的，即使經過漫長等待，等到了壞股價出現，還是無法確認是不是最低價，以及最低價何時會出現。因此利用基本面分析挑選股票的投資人，在出手買進之前便需要具備長時間等待的耐心，以及忍受虧損的打算。此外，基本面分析的投資人，在股價上漲時還要忍住不可以賣。

　　想要做到上述這些行為，除了必要的專業投資技術外，更須具有過人的意志力才能勝任，對一般人來説真的很難。也因此，截至今日為止，在全球股票市場上只有一位股神。

　　至於我，我認清自己既不具備各類產業的專業知識，所以無法預估現在、甚至是預測未來，再加上我也不具備鋼鐵般的意志，投資獲利時會盡可能多賺一點（大大賺），但是投資虧損就想停損（小小賠），因此我並不適合採用股神的價值投資法。而你呢？建議你應該再給自己一次重新思考自己是否適合價值投資法，以及選擇另一種投資方法的機會。

籌碼面投資重點》
從累積買賣力道預測走勢

4-3

　　介紹完基本面分析以後，接著來看籌碼面的分析。籌碼面分析是台灣股市特有的分析面向。台灣股市對於一般投資人是相當友善的，台灣證券交易所在每天台股收盤之後，大約下午 4 點便會將今天的成交交易資料彙整公布在台灣證券交易所的網頁上，其中最為特殊的便是籌碼資料了。

　　大家都知道，股價是由股票市場的買方與賣方共同決定出來的，而籌碼資料就是將股市中，今天股票的買方與賣方公開來讓大家知道。這真的是一大德政，透過籌碼分析就可以了解今天的股票流向。

　　目前證券交易所網站上提供的資料，甚至把每一個證券分公司買進與賣出哪些公司，以及買賣張數都公告出來。這些公開的籌碼資料在看盤軟體以及股票投資相關的網站都可以看到，建議投資人都應該善加利用這些寶貴的資訊。

　　先來看看什麼是籌碼。就台灣股市而言，通常把籌碼分成政府相關資金、3

大法人、公司派、主力大戶和一般投資人（散戶）5 大類。分別說明如下：

政府相關資金》國安基金、政府基金與公股行庫

政府相關資金包括國安基金、4 大政府基金（包括郵匯儲金、勞保基金、勞退基金與公務人員退撫基金）以及 8 大公股行庫（包括台銀、土銀、彰銀、一銀、華南銀、兆豐銀、合庫、台企銀）。

政府相關資金的投資目的主要著重在穩定股市，當股市面臨危機時，經常會進場護盤，譬如說當加權指數面臨 10 年均線的關卡時，常會見到國安基金出面解圍。這些資金通常都是做多股市，可說是台股最大的穩定力量。

政府相關資金護盤通常短線上具有止跌的作用，至於中長期的股市發展還是需要依照經濟景氣而定，然而若是連國安基金進場護盤都無法讓股市止穩時，就必須非常謹慎，可能是長期經濟景氣出現重大危機了。

另外，因為政府相關資金與外資資金的投資目的並不相同，所以在股市上下波動較大時，經常看到外資與政府相關資金之間不斷上演你賣我買的戲碼。

當股市大幅度下跌的時候，經常是外資賣而政府相關資金買；當股市短線止

穩之後,反而常常變成是外資買進,而政府相關資金賣出股票。此時政府相關資金的賣出並非看壞股市,只是調節持股,並將資金收回以備未來可能的資金需求。

這幾年台灣股市相對於其他市場穩定,政府相關資金確實占了很重要的關鍵因素。

至於如何可以知道政府相關資金的進出狀況?一般常以8大行庫的進出狀況作為判斷依據,由於一般投資人較少在8大行庫買賣交易,所以計算8大行庫的買賣結果大致上就足以代表政府資金的進出狀況。

3 大法人》外資、投信與證券自營商

3大法人指的是外資、投信與證券自營商(詳見表1)。分別介紹如下:

1.外資:影響中長期趨勢

外資是泛指外國投資機構,外國機構從國外將資金匯入台灣並換成新台幣後,透過台灣的證券交易商買賣台灣上市或上櫃的股票。因為外資的資金規模相當大,經常主導了台灣股票市場的長期走勢,當投資人想分析台灣股市長期趨勢時,外資可說是最重要的籌碼觀察指標。

外資在操作策略上很重視基本面，以中長期布局為主，選股標的則著重於中大型的權值股。

2.投信：影響短中期趨勢

投資信託公司（簡稱投信）是透過募集一般投資人的錢變成共同基金，再利用自身專業來管理這些共同基金，期望創造穩定的投資績效。投信的買賣對於股市的短中期影響非常大，當投資人想分析台灣股市短中期趨勢時，投信的進出狀況是最具影響力的觀察指標。

投信的操作策略是基本面與題材並重，以中期布局為主，選股標的則著重於中大型題材股以及小型利基股。透過買進中大型權值股來穩定基金的淨值，找尋小型高成長股來提高基金獲利。

3.自營商：影響短期趨勢

自營商是以券商的自有資金來交易，在操作上都比較短期，也比較與大盤趨勢無關。但投資人要注意的是，近幾年自營商投資權證（指投資人付出一筆權利金給證券商以後，有權利在約定的特定期間內，以特定價格交易股票）相當盛行。然而，由於權證的價格波動非常大，且無法當日沖銷，所以當證券商賣出權證後，會買進與權證相關的股票作為避險。因此，就自營商的買賣統計而言，可以分成自營商自行買賣以及自營商避險買賣兩部分，其中自營商自行買

項目	外資	投信	自營商
操作策略	重視基本面，中長期布局為主	基本面與題材並重，中期布局為主	著重題材與技術面，極短線操作為主
選股標的	中大型權值股	中大型題材股以及小型利基股	中小型題材股

表1 若要觀察台股長期趨勢，可以看外資動向
——3大法人的操作策略及選股標的

賣才是自營商實際的自有資金買賣。

　　自營商的操作策略主要著重在題材與技術面，以極短線操作為主，選股標的則著重於中小型題材股。

公司派》庫藏股、大股東與經營者

　　公司派包括公司實施庫藏股，以及公司大股東或經營者的買盤。公司實施庫藏股的意思就是用公司的錢，在股市中直接買回公司的股票。通常公司實施庫藏股的主要目的是為了轉讓股份給員工，以及為維護公司信用及股東權益所必要而買回，白話一點的說法就是護盤。當公司認為自家股票在市場上的股價偏低時，會實施庫藏股護盤，所以當公司、大股東或是經營者宣示買進自家股票時，通常表示公司派做多心態，股價通常在短線上會有所表現。至於中長期的

股價表現還是需要依公司實際營運結果而定,不過,原先股價會位在低檔一定是有原因的,因此,若連公司派宣誓做多,都沒辦法讓股價上漲時,建議對此一公司的股票還是觀望就好。

主力大戶》成交量大或持股千張以上的投資人

主力大戶(簡稱主力)泛指一群具有相當資金實力的投資人。券商習慣以「單月成交量 5,000 萬元以上」的投資人定義為大戶,證交所則將每季成交金額 5 億元以上定義為「大戶」,每季成交金額 1 億元到 5 億元定義為「中實戶」。

另外,因為籌碼統計數據中有一項是依據持股張數分類,實務上也會將持股張數千張以上稱為千張大戶。當千張大戶的持股比率增加時,視為籌碼集中度提高,對於未來股價有正面的意義。

市場上,有許多人會跟著主力投資。之所以如此,是因為股價需要有人大量買進才可能有所表現。由於主力的資金較為龐大,而且會鎖定特定的中小型股票,買盤力量集中,對股價的影響較劇烈,因此,主力介入的股票短期內股價都會有所表現。

只是,「萬般拉抬皆為出」,主力炒高股價都只為了能高價賣出股票。但想

要賣出股票勢必得要有人進場承接，故而有時候主力會故意設局來引君入甕。散戶若是不想被主力坑殺，就必須要有主力的思維。只有看懂主力的操作手法以及摸清主力的想法之後，才能有辦法跟著買進或賣出。主要的考量點有 2：

1. **投資期間**：如果這個主力介入的時間太短，除非你跟在主力的身邊一起買進與賣出，不然，可能你決定買進的時間就是主力出貨的時候了。

2. **預計報酬率**：通常主力介入某檔股票後，為了方便下車（賣出），都會以股價大漲來吸引一般投資人的注意，此時這檔股票的股價走勢會很快。若主力預計的報酬率不夠高，可能你決定買進的時間就會是主力出貨的時候了。

通常每個主力都有自己的操作慣性，包括習慣操作的股票類型、操作期間以及預計報酬率，當你決定跟隨主力投資時，最好先了解這位主力的思維與操作手法。只是，每位主力的買進與賣出並不好追蹤，如果只單憑幾個案例就認為跟著這些主力操作股票就能夠獲得如案例一般的結果，衷心建議還是把時間用在提升自己的投資能力比較實際一點。

一般投資人》非上述投資人，統稱為散戶

一般投資人泛指非上述的投資人，統稱為「散戶」。在股市裡，一般投資人

的人數最多，可是這一群散戶的力量分散至所有的股票，因此對於股價的影響力相當的低。而且因為資訊的不對稱，散戶常是在股票市場中最為弱勢的一大群人。

加上散戶在股票投資行為上有幾個相當不好的習慣，譬如說，喜歡打聽明牌（常是冥牌）、有賺就賣（小小賺）、虧損不賣（大大賠）、追高殺低等，這些習慣常被有力的有心人士用來坑殺散戶。

實務上常用「融資的增加或減少」來代表積極交易型散戶的籌碼動向。融資增加表示散戶買進該檔股票，意味籌碼變得散亂，不利未來股價上漲；融資減少表示散戶賣出，意味籌碼變得集中，有利於未來股價上漲。

上述這 5 類投資人在股票市場上的進出，就形成所謂的籌碼。其中「外資」可說是我認為最值得追蹤的籌碼。因為外資的投資目的純粹是為了賺錢，而且操作屬於中長期以及中大型的股票，對於一般投資人而言是相對容易跟隨的。

籌碼穩定度提高時，股價會偏向上漲趨勢

介紹完籌碼的組成以後，接著來看籌碼面分析。就我個人經驗而言，籌碼面的分析重點在於「累積」。

一般來說，極短線的股價波動是依據當下每一分的買賣力道所決定，而極短線的影響因素以及買賣方很多，因此較難解讀哪一方的力道最大，它又是如何影響股價方向，使之不規則運動。但是如果有某些特定籌碼持續地買進或賣出時，當這一股特定籌碼力道累積到一定程度，逐漸將反向的力道吸收之後，股價的未來走勢將比較可能依據該特定籌碼力道所推動的方向行進。

也就是說，中長期的股價趨勢視各籌碼累積的買賣力道來決定。譬如說，當外資累積買超愈多，股價愈偏向上漲的方向行進。因此，當投資人透過籌碼面分析解讀未來股價走勢時，累積的力道更是至關重要。

除了累積的力道以外，籌碼的流向也會影響股價。一般而言，公司流通在外的股票張數通常不太會變動，因此，當籌碼逐漸流向持有期間較長的法人或公司派時，表示短期會賣的股票張數變少了（股票供給減少），意味著籌碼穩定度提高，賣壓減輕，股價偏向上漲。

反之，當籌碼逐漸從法人或公司大股東流出時，通常表示能賣的股票數量變多了（股票供給變多），股價偏向下跌。這時如果股價真的下跌了，需要注意法人賣出、股價下跌的階段。若此時融資開始逐漸增加，表示籌碼流向一般散戶，股價短時間內很難有好的表現，甚至可能會是長期的下跌階段，投資人不可不慎。

就我個人觀察而言,「外資或公司大股東大賣、股價大跌、融資卻反向大增」這種坑殺散戶的現象,總是在市場上一再出現,例子實在不勝枚舉,每次看到都令我感到非常心痛。下面我想以近期最知名的案例國巨(2327)作為相關案例分享,此案例同樣是散戶被坑殺,但下手的並非外資。不過因為此檔個股在1年多內經歷了股價急遽上升又快速崩跌的現象,且籌碼的流向也非常有趣,故而在此與讀者探討一番。

打開國巨的K線圖,從外資每天買賣超的角度分析,可以看到自2017年12月11日開始,外資一路賣出,融資卻不斷加碼的現象,當天國巨收盤價為298元(詳見圖1)。

直到2018年7月3日,國巨出現歷史高點1,310元,在這一段期間(2017年12月11日到2018年7月3日),外資在交易市場中實際累積賣出了3萬7,028張,投信累積買進了2,516張,融資更是累積加碼了9,308張,融資戶的持股比先前多出近5倍。當然這時候融資是大賺錢的,只是接下來,國巨股價自高點開始崩跌。

2019年5月3日,國巨股價再次回到300元,統計自2018年7月4日至2019年5月3日的實際交易結果,這一段期間內,外資總共賣超5萬3,122張、投信賣超1萬2,899張、而融資卻逆勢加碼了1萬4,906張,融資持股

圖1 自2017年底起，國巨籌碼由外資、投信流向散戶
——國巨（2327）日線圖

註：資料統計時間為 2017.11.01 ～ 2019.08.28　　資料來源：XQ 全球贏家

張數與 2017 年 12 月 11 日相比，足足成長了 18 倍。

　　從 2017 年 12 月 11 日到 2018 年 7 月 3 日，再到 2019 年 5 月 3 日，國巨的股價從 298 元來到 1,310 元，之後又跌回 300 元。將近 1 年半的時間，國巨的股價在繞一圈之後又回到原點，但籌碼的流向卻有極大的差異，從外資、投信手上流到散戶手上。顯示籌碼流向真的會決定股價走勢，只是時間點會有差異。

　　你知道這一次買進國巨的散戶輸了多少錢嗎？將近 700 億元。要知道就常理而言，當外資大賣、股價大跌、融資卻反向大增時，通常是散戶被外資所坑殺。然而當出手的不是外資，市場上卻出現外資一直賣、股價一直漲、融資反向大增的不合理現象時，你會選擇相信外資看衰公司前景的看法？還是相信散戶看準公司擁有美好未來的眼光？我想，我寧可相信外資的專業判斷。

　　此外，就實務來説，雖然籌碼面的走勢較為長期，但走勢終有完結的一天。如果繼續觀察國巨的案例，統計 2019 年 5 月 6 日到 8 月 30 日這段期間，外資累積賣超 1 萬 6,302 張、投信累積買進 1,347 張、融資減少 3,183 張。當融資開始大幅減少而股價不再繼續下跌時，此時的籌碼流向是如何呢？會不會是另一段故事的起點呢？值得觀察。

籌碼面分析難題》
如何分辨真假外資？

4-4

4-3 有提到，我認為籌碼面分析最值得關注的就是 3 大法人中的外資流向，但使用此種方式會面臨到兩大難題：

難題 1》會不會是假外資？

常會有人問我這個問題：「如何區分是真還是假外資的買盤？」現在的假外資真的很多，不過我認為，有能力以及有需要成為假外資的投資人，應該也不會是一般投資人，而是具備相當資金實力的投資人，所以即使是假外資的投資人，他的買賣分析一樣具參考性。

如果真的不放心，該如何判斷真假外資？建議可以從資金的運用效率判斷，畢竟是假外資，所以資金還是比較有限，會比真外資更重視資金運用的效率，因此實際的買賣行為就會有所不同。例如在一般情況下，假外資買賣的持續期間會比較短。當投資人發現外資操作某一檔股票，經常今日買隔日就賣，就比

較像是假外資的操作。像這種股票建議千萬不要跟買，因為這種隔日沖的操作，操作期間較短，很難猜測接下來的動向，無法跟隨。

此外，假外資比較喜歡中小型股票。因為中小型股的股性較活潑，而且市值較小，用比較少的資金就能影響股價，比較可能是假外資的操作標的。至於真外資，因為會考量賣不掉股票的風險，所以操作標的會偏向中大型的股票。

難題 2》外資還會繼續買進嗎？

這個問題非常難以明確的回答，除非讀者有非常強烈的原因支持，否則千萬不要抱持外資一定會繼續買下去的心態，以及接下來股價就會一直漲的想法。

投資人經常可以在報紙或網路上看到類似「外資連續買超 5 日個股」這種標題，似乎暗示外資看好這些股票，可能會繼續買進。但要記得，這只是眾多篩選股票的方法之一，建議讀者千萬不要認為外資連續買超 5 日的股票，就意味著外資還會繼續買進，甚至認為未來股價就要開始往上漲了。畢竟未來會如何，只有等到未來發生了才知道。

看到這裡，相信讀者對於投資 4 面向都有一定的了解，我想來說一說自己對於這 4 個投資面向的看法。從我過去非常不好的投資歷史經驗來看，消息面分

析是最方便的選股方法，只是我沒有能力支付得到第一手消息所需的費用，因此對我來說，這是最沒有用、甚至是相當負面的方法，真的不值得採用。

技術面的分析方法則是我自己學藝不精，畢竟如此多的技術指標，再加上又沒有足夠的經驗值，最後常常面臨不知如何決策的窘境，故而只將之作為輔助之用。

至於投資後期所使用的基本面分析方法，則是愈深入了解就愈理解自己的專業程度不足，無法揣測與計算公司的內在價值，這也是我運用基本面分析方法的極大劣勢。運用劣勢的投資工具來與其他具備這項優勢的投資人競爭，似乎並不合理。

因此，我最後選擇了籌碼面分析，至少在這個層面我與所有人是站在同一條起跑線。而且，從實際的交易數據挖掘更深層的籌碼面意義，成為我相對於絕大多數投資人的投資優勢。最棒的是，這些優勢是所有人都能夠輕易學會的，相信只要你能將後續的章節看完，你也一樣具備投資台股的獨特優勢。

第5章

最佳標的
外資連續買超股

5-1 用「單純投資法」找到年年穩定上漲股票

看到這裡，相信你是真的已經準備好可以正式啟程了。但是，我還想問讀者最後一個問題：「當你準備航向一個未知的大海之中時，你最需要的是什麼裝備呢？」

還記得 2-3 提到的玩家與玩命的差別嗎？如果能在啟程前把必要的裝備先準備妥當，就比較有機會安全抵達你所設定的目的地。想在大海中航行，最重要的裝備當然就是一艘能承載你，並且在遇上危機時能夠保護你的一艘船。而在茫茫股海中，這艘船就是你的「投資方法」了。

簡單投資法》想靠簡單觀念獲利，須有專業知識

究竟什麼樣的投資方法才是好方法呢？坊間有太多的論點與投資書籍嘗試告訴你，運用簡單的投資方法，就能夠輕鬆獲利。但我想告訴讀者的是，這樣的簡單論點可能並不適用於你。因為投資是一連串的決策行為，從要買哪一檔股

票開始，到何時買、買多少、何時賣、賣多少等，都需要不停地下判斷。只有經過一連串「對」的選擇之後，才能完成一次好的投資。試想，這怎麼可能會是一件簡單的事？

　　一般民眾認為的簡單投資方法是：超級容易的簡單投資方法＝「簡單」觀念＋「一般」知識＋「簡單」規則＋「業餘」執行。

　　但我認為它其實是長這樣的：實際的簡單投資方法＝「簡單」觀念＋「專業」知識＋「複雜」規則＋「專家」執行。

　　如果是運用前者那種超級容易的簡單投資方法，最後可能會因為無法配合實際情況，而得到毀滅性的結果。如果是後者這種實際的簡單投資方法，則必須搭配專業的財經知識，以及複雜的投資決策規則才有可行性，必須是這方面的專家才有能力執行。但因為真實的股價波動狀況實在是太多樣化了，帶來的也是不確定的結果，因此，我將這種簡單投資法稱為「先甘後苦投資法」。

　　還是提醒讀者，天下沒有白吃的午餐，想要靠簡單的投資方式獲利，其實一點也不簡單。況且，台灣股市的狀況又更加險峻，必須打敗 80% 的投資人才可能獲利（詳見 2-3），所以說，台灣股市的投資人想用大家都已經知道的簡單方法打敗其他人，贏得投資獲利的美好果實，簡直是不可能的任務。

單純投資法》用創新觀念，追求一致期望報酬率

那是不是說投資一定要搞得很複雜，才有辦法獲利呢？其實也未必，我建議讀者可以運用「單純投資法」。它的方程式如下：

單純投資法＝「創新」觀念＋「一般」知識＋「單純」規則＋「業餘」執行＝「一致」結果。

與簡單投資法相比，單純投資法的好處在於，只要能先理解與熟悉這些不同於以往的創新觀念以後，加上學習一般性的投資知識，並運用一套單純的投資決策規則，業餘投資人就能徹底執行這套投資規則，得到一致性的投資結果，我稱為「先苦後甘投資法」。

那麼問題來了，簡單投資法（先甘後苦）或單純投資法（先苦後甘），你選擇哪一個？其實這個問題並沒有標準答案，就如同中國已故國家領導人鄧小平所說的：「不管是黑貓還是白貓，只要會抓老鼠的就是好貓。」

同樣的道理，不管是哪一種投資方法，只要能賺錢的投資方法就是好的方法。但要注意的是，真正的好方法除了能夠讓你賺錢以外，還能夠幫你避免被股海中的大浪吞噬。而對於我來說，最適合我的就是單純投資法。

單純投資法運用了兩個最基本的概念：「複利」＋「期望報酬率」，兩者缺一不可，加起來威力強大無窮。但讀者要注意的是，單純投資法的投資目標並不是追求最大報酬，而是追求「一致性」的期望報酬率，也就是希望經過多次投資之後，其成果能趨近於期望報酬率。

簡單來說，單純投資法是運用同樣的投資方法，以求未來能夠獲得一致性的投資報酬。因為只有這樣的投資方法才能適用於未來，以及適用「複利」概念。若用公式來說明單純投資法的投資報酬率會長這樣：

複利投資報酬率＝（1＋X%）^{N} － 1
其中，X% 為每年期望報酬率，N 為投資年數

舉例來說，運用每年期望報酬率 10% 的投資方法，則：

10 年後複利投資報酬率＝（1＋10%）^{10} － 1 ＝ 159%。
20 年後複利投資報酬率＝（1＋10%）^{20} － 1 ＝ 572%。

這種投資法的好處在於它非常「穩」，每一年的投資報酬率都是相似的。在現實生活中，我們總是看到散戶投資人不斷追逐「飆」股，找尋一次致富的投資方法，可惜最終總是成為被坑殺的最後一隻老鼠。畢竟要買到飆股的機率非常低，一直買到飆股的可能性就更低了，唯有每年買到穩定上漲股票的可能性

才相對高。而單純投資法就是幫助你找到每年股價可以穩定上漲的股票。

投資結果一致＋複利效果，達到股神般的投資績效

不知道大家是否有想過，為什麼巴菲特（Warren Buffett）會被稱為股神呢？如果我們沿用前面的概念思考，採用每年期望報酬率 25% 的投資方法，60 年後的複利投資報酬率會是多少呢？

$$複利投資報酬率 = (1 + 25\%)^{60} - 1 = 652,529$$

答案是 652,529 倍，也就是說，如果讀者擁有 10 萬元投資本金，運用每年期望報酬率 25% 的投資方法，60 年後的投資資產將達到 652 億元。這就是巴菲特之所以被稱為股神的原因，並不是因為他的投資報酬率最高，而是因為他的投資結果最一致，再加上複利的效果之後，就成為股神了。從這個角度來看，股神的投資方法相對於股神的能力而言，就是一種單純投資法。

建議讀者找出屬於自己的單純投資法，以追求穩定的投資報酬為目標。如果讀者夠年輕，有朝一日有機會成為另一個股神。假如你不知道該怎麼設立單純投資法的話也別擔心，下面幾章將一步步介紹我心目中理想的單純投資法。

5-2 掌握股市因果規律性 獲得一致性投資報酬率

前文有提到，「單純投資法」是希望能夠運用同樣的投資方法，獲得一致性的投資報酬率。而想要得到一致性的投資報酬率，必須建立在規律性的事物上。

根據《教育部重編國語辭典修訂本》的解釋，規律性是指事物按一定步驟而運動的特性。簡單來說，規律性就是當發生某一事件（因）後，可以預期接下來會發生哪些事（果）。

有果就一定有因，在股票市場中，「果」可以設想為「投資報酬率」或是「股價漲跌幅度」，而股票投資 4 面向就是透過不同的角度（因子）分析股票市場中的因果規律性（詳見表 1）。

在股票市場具有規律性的情況下，當投資人找到前因時，便能夠合理地預期接下來的結果。唯有如此，各種投資方法才具有參考的意義與價值。當股票市場不再具備規律性時，各種投資方法便不再管用。例如，當好公司不再等於好

股價時，基本面分析就失效了，此時誰還會想要花時間了解這家公司是不是好公司？畢竟，研究一家公司需要耗費許多的人力、物力及專業。因此，單純投資法必須建立在股市具有規律性上。

基本上，現有的每一種投資方法都是嘗試找出與股價（果）之間具有絕對關聯性的因子。而這些具關聯性的因子必須不斷地重複發生，且透過統計大量資料驗證下也必須具有一致性的結果，才能說明這些投資方法具有參考性與實用性，才值得一試。

愈早發現前因，投資結果可能愈好

然而在運用因果關係的概念時，有個地方讀者需要留意，那就是發現「因」的時間，會影響到你最後得到的「果」。

一般來說，「因」是果的先行指標，「果」則是事後驗證的結果，兩者之間具有反映的時間差。這段反映時間的差距也常造成投資人在使用上的混淆，例如投資人常常發現一家公司明明是好公司，但是股價卻都不漲的情形，或者是當投資人發現的時候，公司股價早就已經上漲了。

然而因果反映時間不是一般投資人所能決定的，除非是你所使用的投資方法

表1 基本面分析認為，公司基本面好、股價才會高
──投資面向在股市的因果規律性

投資面向	因果規律性
消息面分析	好消息＝好股價，壞消息＝壞股價
技術面分析	黃金交叉＝好股價，死亡交叉＝壞股價
基本面分析	好公司＝好股價，不好公司＝壞股價
籌碼面分析	特定人在買＝好股價，特定人在賣＝壞股價

能夠計算出反映時間（這部分可以參考費波南希係數或是對稱理論），否則從時間差所造成的混淆性來看，時間點的落差愈小愈好，也就是具有相對即時性的投資方法較好一點。

就實務來說，只有當你愈早發現前因，及早進場，所產生的結果才有可能愈好。如果太晚發現，就可能會接到股價上漲的最後一棒，通常這種情形的後果都是不堪設想。

另外要注意的是，發現前因之後股價落後反映的時間差，也是股票市場中賺取價差的主要來源。因此在股票市場中，有許多的專家與達人透過拜訪公司研究基本面、分析技術線型、四處打探消息，甚至是嘗試運用最新科技領先挖掘出獨有的資料，都是為了能夠領先一步得到重要資訊，以獲得最大報酬。

而我心目中的單純投資法也是如此，希望能夠在股市中早一點發現前因，進而賺取應有的利潤。但與上述方法不同的地方在於，我的投資方法只需要坐在電腦前看看線圖，拿起計算機敲幾下就能夠找到前因，單純許多。

有能力找出股價波動原因時，才進場操作

此外，尚有一個觀念讀者一定要知道，那就是在股票市場中，不一定能夠在事前便找得到原因。特別是全球股市發生重大危機時，經常都是事後才能確定事前的主因，而且是絕大多數人忽略的因子。

因為股票市場就是一個非常極端的複雜市場，實際的影響因子實在是太多了。當投資人嘗試運用幾個變數來解釋股票市場的波動時，就必須接受你的方法一定是不完美的，不能期待與要求投資方法的解釋能力（準確度）能夠達到百分百。

因此，最好的辦法是在自己的能力範圍內操作股票，也就是只在你有能力找出可靠的前因時才進場操作。如果現在你在股票市場中無法發現前因的話，就先暫時離場吧，等到你有能力找到前因時再進場。畢竟股票市場隨時都在變動，可以選擇的股票也很多，今天找不到不代表明天找不到。只要耐心等候，一定會有機會進場的。

5-3 從外資每日買賣超 觀察股價相對應漲跌幅

　　在了解股票市場的規律性以後，下一步就是要縮小範圍，在特定的股票中尋找規律性。第4章提到，我認為「外資」是最值得追蹤的籌碼，而「外資買超股」更是我認為最值得買進的類型。因此，只有證明了外資買超股的規律性以後，才能推導出我心目中的單純投資法。

　　我認為外資是「非常理性」的投資人，它的投資決策皆有一套嚴謹的規則與方法，從研究員拜訪公司開始，歷經撰寫研究報告，一直到交易員接獲買賣指示為止，這些決策過程至少都會有內部規範。若能找到其投資決策的原則與交易規則，便能模擬出外資在某一段期間的交易行為背後所隱含的「合理股價」。

　　由於台灣是一個淺碟型的股票市場，台灣股市中的大型外資屈指可數，故而它們的投資決策應該也大多類似。而外資在股票市場的實際交易行為所表現出來便是每日的買超（買進張數大於賣出張數）及賣超（買進張數小於賣出張數），所造成的結果就是股價的漲跌。因此，我們可以將每一次外資的買超作

為一個起點，計算出每一次因外資買超所牽動的股價漲幅表現。

外資的買進行為具規律性，多半採順勢交易法

根據我的觀察，就長期的角度下去分析，外資的買進行為其實是具有規律性的。既然外資買進股票的主要目的是賺錢，就不應該買進認為會賠錢的股票，因此，外資買進的通常是現在好公司的股票，或是未來好公司的股票，應該比較不會買進現在以及未來都是壞公司的股票。

當外資看好某一檔股票並開始買進後，買進的行為便會一直持續，持續買到股價不再具有誘因之後。畢竟外資的錢這麼多，而台灣股票的市值又不夠大，再加上台股又有漲跌幅（10%）的限制，因此，在台灣的外資就不會採取一次梭哈的買進方式，而是採取買對加碼的順勢交易法。

順勢交易其實就是一種規律性，這樣的規律性並不是說外資每次都一定會買多少，或買多久，而是說外資的買進行為取決於是否買對了，以及股價是否還具有買進誘因。透過相同的交易策略以及不斷的執行選股與買進動作，長期下來就會形成一種可以被合理預測的規律性。

我們可以對於外資買進行為的規律性下一個不精確，但卻很合理的結論：「外

資針對愈看多股價的股票，會持續買愈多，以及買愈久。」也就是一種持續性概念。那這樣是不是說，當投資人觀察到外資買很久或是買很多的股票時，就意味著股價應該會漲比較多呢？答案是不一定。

就外資買進行為與股價漲幅之間的規律性而言，並非外資買多少，股價就一定會漲多少的絕對關係，而是一種相對的概念。畢竟面對著複雜的股票市場，必須理解不可能會有理想的絕對關係，而是嘗試著接受完美的相對關係。

外資買超股與股價漲跌幅間的相對關係包括下列幾點：

1. 外資買超的股票，股價較可能上漲；外資賣超的股票，股價較可能下跌。
2. 外資買超比率相同（詳見 5-4），股價上漲幅度的平均值會相近。
3. 外資買超金額愈大，上漲幅度的平均值就愈大。譬如說，以加權指數為例，常外資買超 100 億元時，加權指數的平均漲幅就會比外資買超 50 億元時的平均漲幅大。

上述關係是一種投資人可以理解的直覺，是否有辦法佐證呢？答案是可以。我們先從加權指數開始說明。

如果把加權指數看成是一檔台灣最大的股票，由於外資每天一定都會進行買

表1 外資連續買超平均天數為3.6天
——近20年外資買超金額vs.加權指數漲跌幅

	大盤上漲機率	大盤下跌機率	連續買超平均天數	隔日續買機率	平均每天買超金額	大盤平均漲幅
外資買超日	70%	30%	3.6天	約70%	50億元	0.47%

註:資料統計時間為 2000.01.04 ～ 2019.06.28

進與賣出交易,它們每天的交易結果也直接影響了當天加權指數的漲跌。在我的長期研究之下,加權指數的漲跌與外資買賣超之間,出現了一些非常有趣的統計數據。這些數據可説是完美呈現出每天外資的買賣超金額,與台灣加權指數漲跌之間的規律性。

當外資買超時

1. 外資連續買超的平均天數是 3.6 天(詳見表 1),也就是説,當你發現外資在昨天是賣超而今天是買超時,可以合理地預期明天外資會繼續買超的機率應該是大於 50%,我個人的研究是隔日外資繼續買超的機率約 70%,而且隨著連續買超日數的增加,隔日繼續買超的機率也會跟著提高。

2. 外資買超當日加權指數上漲的機率為 70%。

外資每天平均買超金額 50 億元,加權指數平均漲幅 0.47%,代表外資每買超 10 億元,加權指數平均上漲幅度約 0.094%。

表2 外資連續賣超平均天數為2.8天
——近20年間，外資賣超金額與加權指數漲跌幅的關係

	大盤上漲機率	大盤下跌機率	連續賣超平均天數	隔日續賣機率	平均每天賣超金額	大盤平均跌幅
外資賣超日	29%	71%	2.8天	約60%	-48億元	-0.58%

註：資料統計時間為 2000.01.04～2019.06.28

當外資賣超時

1. 外資連續賣超的平均天數是 2.8 天（詳見表 2），也就是說，當你發現外資在昨天是買超而今天是賣超時，隔日外資繼續賣超的機率約 60%，而且隨著連續賣超日數的增加，隔日繼續賣超的機率也會跟著提高。

2. 外資賣超當日加權指數下跌的機率為 71%。

外資每天平均賣超金額 48 億元，加權指數平均跌幅是 0.58%。也就是說，外資每賣超 10 億元，加權指數平均下跌幅度約 0.12%。

雖然說外資買超，加權指數上漲的機率比較大；外資賣超，加權指數下跌的機率比較大。但外資買就一定會漲嗎？外資不買就一定不會漲嗎？當然不會，外資只是影響長期股價很重要的因素之一，因此我們只能說，外資買進的股票，未來股價比較可能上漲。而外資不買甚至是外資賣超的股票，股價也有可能會漲，例如之前提到的國巨（2327），外資在 2017 年年底，從股價 300 元左

右就開始賣，但股價卻一路上漲到 1,310 元（2018 年 7 月 3 日盤中高點）。

判斷股價漲跌合理性後，僅布局外資買超且股價上漲股

綜上所述，如果單純從外資操作與股價漲跌之間的合理性關係來分析，兩者之間的關係會像這樣：外資買超且股價上漲，具合理性；外資買超但股價下跌，不具合理性；外資賣超但股價上漲，不具合理性；外資賣超且股價下跌，具合理性（詳見表 3）。

為什麼要判斷外資操作和股價漲跌的合理性呢？這是因為和股神巴菲特（Warren Buffett）一起工作 50 多年的夥伴查理‧蒙格（Charles Munger）曾經提到，要把投資領域侷限在「簡單而且可理解的備選項目」之內，他說，「關於投資，我們有 3 個選項：可以投資、不能投資、太難理解」。如果將這位睿智的投資界老前輩對於投資的選項套用在外資買超股上，同樣有 3 個投資選項：

1. 可以投資：外資買超且股價上漲。
2. 不能投資：外資賣超且股價下跌。
3. 太難理解：外資買超但股價下跌，以及外資賣超但股價上漲。

「外資買超但股價下跌，以及外資賣超但股價上漲」這兩種不合理的狀況並

表3 若外資買超、股價下跌，則為不合理情形
——外資操作vs.股價漲跌合理性

股價漲跌	外資買超	外資賣超
上漲	合理	不合理
下跌	不合理	合理

非真的不合理，只是因為我們只以外資操作一個因素來解釋股價的漲跌，容易有所偏頗，這是能力圈的問題。若提高自己的能力，嘗試運用更多的因素來解釋股價漲跌，將能減少判斷為不合理的發生狀況。但在現有能力範圍內，投資人很難去理解背後的原因，故建議在這種時候，不要進場操作這類發生不合理狀況的股票。

證交所網站的外資動向資料，較外資報告實用

至於該如何得知外資的動向呢？我認為自己每天上台灣證券交易所（網址：www.twse.com.tw/zh）收集資料，所得到的資訊會比外資報告更加實用。

實務上，經常發生類似下面這種情形：明明在報紙上看到寫著「外資大力推薦 XX 股票，買進評等 XX，目標價 XX 元」的聳動標題，結果進場以後卻發現，此時正好是該檔股票股價的最高點。然而會出現這種情況，並不是代表外資研

究報告有誤導投資人的嫌疑，最主要的原因在於「時間差」。

試想，當外資知名分析師一份最新研究報告出爐時，誰會是第一手得到消息的人？相信只有每年須支付大筆金額、最頂級的客戶，才能得到第一手訊息。當一般投資人在報紙上看到這份研究報告時，頂級客戶多已進場一段時間了。

你是否想過，頂級客戶與一般投資人得到消息的這段時間差，到底會有多大的價值？投資人又需要支付多少價格來得到這個消息呢？從上述的加權指數與外資買賣超的分析來看，可以確定這份報告絕對是具有相當大的價值，而且應該是一般投資人負擔不起的價格。所以我認為，還是自己每天觀察外資的買賣動作，並合理地預測外資買賣動作背後所代表的意義會比較實用與實際。

台灣產業鏈仍重要，不需擔心外資券商縮編研究部門

另外，有些投資人可能會擔心，近期外資券商包括法國巴黎證券以及德意志證券，為了因應全球貿易戰的衝擊，配合全球集團瘦身，將亞洲地區的業務進行縮編或是集中化，接連裁撤台灣研究部門。

對於此一現象，我的看法是，外資在台灣的投資決策行為會更精準且趨向一致性。原因在於外資券商裁撤台灣的據點，其實是將分析師轉調至中國，畢竟

中國市場對於國際產業鏈的供給與需求愈來愈重要，因此這樣的資源重新配置是一個必然的效率化布局，而且對於產業鏈的分析將更加精準。但由於台灣的公司對於中國的產業鏈占有非常重要的地位，所以我認為，外資券商對於台灣公司的關注程度應該不會減少。

此外，由於中小型的外資券商逐漸將研究部門外包給專業研究機構，如法國巴黎證券便將研究業務外包給晨星（Morningstar）。但因為外包對象的選擇有限，選來選去就那幾家，如此一來，外資對於追蹤股票的見解將會更趨於一致。也就是說，外資的合理股價會愈來愈相近，因此外資的投資決策行為會更趨向一致性，外資的買賣動作將會更加集中，投資的股票會更為聚焦，對於台灣股市的影響也會更大。

至於外資會不會減少對台灣的投資金額呢？我個人認為，台灣的技術能力包括各產業的龍頭股以及具利基型的中小型股，其技術層次在全球是相當具有競爭力的，至少在短期內這樣的技術優勢很難被取代，所以不易見到外資大幅度減少投資台灣的現象，只是會更加集中投資在特定的股票上，外資的投資行為應該會更具規律性。至於長期呢？這個答案就只能留給未來了。

5-4　依外資買超比率決定個股投資策略

根據 5-3 的分析我們可以知道，外資的買進決策具有規則性、外資的買進動作具有持續性、外資的買超金額與加權指數的上漲幅度具有規律性，也就是說，外資買超股是具有規律性的。將這樣的概念延伸至一般的股票時，由於股票更具多樣性，影響股價的因子更多，複雜度更高，需要逐項探討幾個影響股價的重要因子，以及這些因子對於股價漲跌的影響性。

我們先不考慮影響股價的其他因子，只針對外資買超對於股價的影響。下列的分析都是個人的研究結果，提供讀者參考：

市值不同，外資買超張數、金額對個股漲幅影響不同

在研究外資買盤時，主要的工具有 3 個：分別是外資買超張數、外資買超金額以及外資累積買超比率（以下簡稱外資買超比率）。但仔細研究會發現，外資買超張數和外資買超金額對於股價漲幅的解釋並不理想。

　　若以買超張數來看，外資買超 1,000 張聯發科（2454）對於聯發科的股價影響比較小，但外資買超 1,000 張大立光（3008）對於大立光股價的影響就很大。兩者的差別就在於股本的大小，聯發科的股本達 158 億 9,691 萬元，而大立光的股本才 13 億 4,140 萬元，兩家公司股本的差異將近 11 倍，所以單單拿買超張數來判斷股價漲幅比較不合適。

　　那如果改用買超金額下去判斷呢？此種方式對於股價漲幅的解釋能力會比張數好一點，但還是無法解決市值大小的問題。同樣的買超金額對於市值較大的股票影響會小一點，對於市值比較小的股票影響就會大一點。因此，最好的外資買盤表示方式是採用「外資買超比率」，可以避免股本與市值差異的問題。

　　外資買超比率就是外資買超的張數占該公司股票張數的比率，也可以解釋為外資買了該公司多少比率的股份，計算公式如下：

外資買超比率＝外資買超張數 ÷ 公司股票張數 ×100%
其中，公司股票張數＝公司股本 ÷ 股票面額 ÷1,000 股

　　從範例試算可以看出，聯發科的外資買超比率為 0.063%，大立光的外資買超比率為 0.75%。進一步統計這兩檔股票過去的歷史交易資料（2003 年～2018 年）會發現，在當日外資買超大於 1,000 張的時候，聯發科的股價平均漲幅僅 1.7%（平均買超張數為 2,387 張），而大立光的股價平均漲幅卻有

範例試算》外資買超比率

2019 年 9 月 6 日聯發科、大立光的股本分別為 158 億 9,691 萬元、
13 億 4,140 萬元，股票面額皆為 10 元，假設外資買超聯發科、大立光
各 1,000 張，則兩者的外資買超比率各為多少？

① 聯發科外資買超比率
= 1,000÷（15,896,910,000÷10÷1,000）×100%
= 1,000÷1,589,691×100%
= 0.063%

② 大立光外資買超比率
= 1,000÷（1,341,400,000÷10÷1,000）×100%
= 1,000÷134,140×100%
= 0.75%

3.7%（平均買超張數為 1,477 張，詳見表 1）。

若實際漲幅低於外資買超平均漲幅，則可考慮買進

4-3 提到，籌碼面的分析重點在於「累積」，外資買超的股票除了每天的買
賣超比率會影響當日的漲跌幅度以外，更重要的是「累積」的影響會持續一段
時間。也就是說，外資在某一段期間的「累積」買超比率，以及這一段期間內

表1	聯發科外資買超比率較大立光低，股價漲幅也較小

──2003年～2018年聯發科、大立光外資交易資料

股票名稱 （股號）	2019.09.06 股本	2019.09.06 外資買超 比率	當日外資 買超>1,000張 次數	股價平均 漲幅	外資平均 買超張數
聯發科 （2454）	158億9,691萬元	0.063%	990次	1.7%	2,387張
大立光 （3008）	13億4,140萬元	0.75%	36次	3.7%	1,477張

註：以2019年9月6日外資買進1,000張為例　　資料來源：公開資訊觀測站

的股價漲幅會相當程度地影響未來的股價走勢。當外資買超比率持續增加，股價就比較可能會繼續上漲。

也就是說，當外資買超比率愈低時，股價平均漲幅會比較小。當外資買超比率愈高時，表示外資認為這一檔股票的合理股價應該是更高；同樣地，在這段期間內的股價平均上漲幅度也會愈高。依據我的實證經驗，當外資買超比率1%，平均漲幅約15%；當外資買超比率3%，平均漲幅約30%。

這樣的關係提供我們一個判斷目前股價是否合理的好方法。舉例來說，當我們計算某一檔股票的外資買超比率3%時，若以平均漲幅30%來做比較，此時股價的實際漲幅如果還很低（譬如小於10%），或是上漲一段（譬如說20%）之後股價下跌修正，就可能出現了實際股價與合理股價間的不合理現象。

也就是說，潛在漲幅出現了比較大的空間，就有了值得買進的機會。

不過，投資人須注意，外資與股價漲幅之間的關係通常是「單向」的——外資買超比率愈多時，平均漲幅會愈大。但是，若是實際股價漲幅過大時，這時反而要注意外資的動作，因為股價可能已經超過外資的合理股價，或是股價已不具買進的誘因時，外資的買進動作可能會停止，甚至是反向賣出。

延續上一段的例子，若這一段時間的實際股價漲幅已經高達 50%，遠大於平均漲幅時，需要注意股價是否會有下跌的風險，或是可能會有一段的盤整期間，等待外資因調高這檔公司合理股價後的持續買盤。

外資買超比率＞3%，個股即可列入買進名單

前面提到，從外資買超比率可以判斷股價漲跌，然而外資每天買進的股票標的非常多，買進的目的與持續性也不同，無法一一解釋為什麼外資會這樣買。那究竟該如何判斷外資的買進是因為看好這檔股票呢？建議可從兩方向判斷：

1.外資領先買進的公司

當加權指數從低點開始上漲時，外資領先買進且股價領先大盤上漲的公司，很有可能是這一個上漲波段中最被看好的公司以及產業，通常領先上漲的產業

與公司都會是未來一段時間中最被看好的。

2.外資買超比率1.5%列為觀察名單，3%以上列為買進名單

此外，根據我個人的研究，外資買超比率 1.5% 的公司，外資會繼續買進且買超比率大於 3% 以上的機率達 50%。也就是説，這些公司未來可能大漲的機率有 50%，值得關注與期待，可列為觀察名單。

如果外資買超比率大於 3%，就代表這是外資看好的公司，外資會繼續買超至比率大於 4% 以上的機率達 70%。也就是説，外資持續買的可能性比較大，因此可以將 3% 視為一個外資看好的關鍵數字，當外資買超比率超過 3% 時，可將之列為買進名單。如果這家公司又是元大台灣 50（0050）成分股的話，很有可能會是這一波帶動股市大漲的主力部隊。

如果是在一個長期波段，外資買超比率大於 10% 以上的機率雖然不高，只有 1%，但當投資人發現到如此特別的股票時，若此時的實際股價漲幅不大，或是處於盤整階段，該勇敢地持有並耐心等待該有的報酬，甚至應該思考與該公司相同產業的其他公司是否具有同樣的狀況。若同產業其他公司也有類似狀況的話，表示這個產業的未來長期發展應該是非常正向的，必須特別關注。

從上述的分析我們可以得到一個非常重要的結論：外資的買超比率與股價的

平均漲幅之間存在相當大的關聯性。如果只選擇一個影響股價漲幅的因子時，我的選擇會是以外資買超比率作為最關鍵的因子。

外資買超比率既然與股價平均漲幅間有如此大的關聯，是否能將兩者間的關聯性量化呢？答案是可以的，這一個量化的方法我稱之為「外資買超合理股價精算法」。這個創新的投資方法將引領讀者進入另一個投資台股的全新視角：利用外資籌碼計算合理股價，我將在後續的章節一步步詳細介紹給讀者。

| 第6章 |

基礎操作
合理股價精算法

6-1 跟著外資買賣 解決選股、算價難題

　　由於我自創的「外資買超合理股價精算法」是一種創新的觀念,因此在進一步介紹之前,讀者必須先了解這個創新觀念的由來。

　　投資股票簡單的說,其實就只是「買進」與「賣出」兩個動作罷了,只是這兩個動作背後所牽涉的層面實在過於廣泛,而且是公說公有理,婆說婆有理。今天看到的消息是正面的,明天看到的消息又變成是負面。

　　譬如說美國總統川普(Donald Trump)的「推特(Twitter)治國」,中美貿易大戰才剛剛釋出好消息,馬上翻臉就說要下重手。這些反覆無常的訊息不斷地釋出,對投資人來說,到底該依據什麼事情(或指令)來決定買進或賣出股票的動作呢?令人無所適從。

　　其實這些狀況都只是股市複雜性的縮影罷了,只是發生的時間縮短,造成股市的波動更大,投資人的感受更強烈。接下來這樣的狀況將隨著 2020 年美國

總統大選的議題加溫而更加嚴重，投資人必須謹慎因應。

最好的應對方式是盡量不要隨意地買進股票，趁這段難得全球國際局勢大轉變的過程中，累積自己的投資能力。只要你具備投資能力，投資是一份可以做一輩子的工作，因為「股市每天都會開盤，有投資能力的人可以賺一輩子，沒有投資能力的人可能會套牢一輩子」。

選股難題》 一般投資人難以判斷公司未來營運好壞

如果再進一步探討，我們可以把買進與賣出兩個動作加上「標的」層面的思考，此時，選擇買進或賣出哪一檔股票是一種「選股能力」。

市面上已有許多探討選股、研究投資大師選股法則的書籍，特別是基本面選股的書籍更是不勝枚舉，甚至有許多網站及股票決策系統也提供了非常多基本面投資大師的選股指標，協助投資人能很快地找到「好」公司。接下來，投資人便可以依據這些指標所篩選出來的好公司，執行買進的動作，期待享受可能的獲利果實，或是當公司營運條件不再符合好公司指標時，便可賣出這檔股票。

初步看來，這樣的買進與賣出依據似乎合理。這些篩選好公司的條件透過書籍以及網路暢行全世界如此得久，幫助全世界的投資人了解好公司的定義，也

讓經營者有了公司營運的方向與目標，這些都是很好的結果。

　　只是捫心自問，自己已經具備了哪種優異的選股能力？能夠透過此選股能力長期找到鑽石（賺死）股，而且透過「過去」的營運數字所挑選出來「目前」的好公司，未來還能夠繼續好嗎？你具備足夠的能力來判斷這家好公司還能夠好多久的時間嗎？我相信這幾個答案通常是否定的，至少上述的問題對我來說，答案全部都是「No」，這是選股能力圈的不足。

　　那該如何解決選股能力圈不足的問題呢？我想到一個簡單的方法，那就是跟著外資操作。試問自己的選股能力怎麼比得上外資的選股呢？畢竟外資可是花了大把的鈔票，聘僱了非常多專業人士來做篩選股票的工作。

　　所以在選股上，如果全仰賴外資選股，緊跟著外資的買賣腳步，也就是說，只買外資買進的股票，並緊跟著外資賣出股票，選股就不再是投資人的能力問題了，反而變成是信任的心理問題。投資人是否能夠全然地信任外資的選股能力比你強很多？如果是我，我的答案是「Yes」。那你的答案呢？

算價難題》基本面、技術面算價法皆有其限制

　　確定自己的選股能力之後，下一個思考層面便是「價格」層面，也就是買在

什麼價格與賣在什麼價格。設定買賣價格是一種「定價技術」，目前市面上常用的方法有 2 種，分別說明如下：

基本面算價法

基本面算價法中，最簡單的方法是利用公司的本益比（公式為「股價 ÷ 每股盈餘」）計算。設定好低本益比與高本益比的區間，譬如說 10 倍至 20 倍，通常股價會落在這些區間之中。當股價跌到低本益比價格區間時，是買進點；當股價上漲至高本益比的價格區間時，是賣出點。

至於如何訂定高、低本益比的區間，則需以每家公司的歷史本益比區間來訂定。比較複雜的基本面算價方法是所謂的「自由現金流量算價公式」，透過預估公司未來的長期成長率、公司營運所產生的自由現金流量以及未來長期利率的預測來計算公司的長期營運價值。

這是一個非常專業的算價方法，唯有具備專業財經能力以及對於公司及產業有相當深入研究的法人才有能力計算，這個方法也是外資與投信常用來預估未來目標股價的方法之一。

我認為本益比的算價方法是一個相當簡單的好方法，不過在使用上有 3 個很重要的限制：

1. 只適用於穩健經營的公司：本益比不適用於高成長性公司，以及目前虧損的公司。因為高成長公司具備了成長的價值，因此股價通常會突破原先所設定的高本益比區間，投資人將錯失公司高成長下股價大漲的果實。而虧損的公司因為每股盈餘為負數，計算不出本益比，也會失去投資轉虧為盈公司的機會。

2. 忽略了加權指數位階的影響：當加權指數位於低檔時，通常大部分公司的本益比都會較低；當加權指數位於高檔時，通常大部分公司的本益比都會較高。因此，在設定本益比的高低區間時，應該適度加上加權指數的位階調整因子會比較適當。

3. 往往會忽略利率的影響：利率是投資資金的機會成本，對於基本面算價法來說是非常重要的因素。設定本益比區間時需要考慮利率因素，通常利率會與本益比呈反向關係，當利率低時，本益比通常會較高；當利率高時，本益比通常會較低。

技術面算價法

另一個常用的算價方法是技術面算價法，最常運用的就是「對稱理論」的算價法。

對稱理論包括了時間與漲跌幅度的概念，當股價突破（跌破）某種特別技術

型態時，未來股價的走勢會與突破前的走勢型態很相似，包括了股價上漲幅度以及可能上漲的時間都會相似。這些特別的技術型態包括常見的 W 底、M 頭、上升三角形、下降三角形等，透過過去的股價技術型態計算出未來股價可能的滿足點，這個點便是可能的賣出價格。

雖然實務上很多人會使用技術面算價法，不過我認為它在使用上亦有 3 個很重要的限制：

1.投資人買賣經驗不足，技術成熟度不高： 坊間也有許多書籍介紹運用各種技術指標來決定買進與賣出價格的方法，透過多次的實戰演練可以提高定價技術的能力，只是一般的投資人很難有很多次的演練機會。除了投資資金不足以外，經常套牢的問題更大，哪有辦法得到這麼多的買賣經驗？也因此，技術的成熟度常常不夠高，很難有熟練的定價技術。

2.無法判斷正確資訊： 實務上，投資人經常碰到「騙線問題」（例如通常突破趨勢線或是重要均線時，是買進點，但是卻常常一買就下跌），或者分不清目前股價是真突破還是假突破等。如果沒有專業的知識支撐，很容易在這上面翻船。

3.機率問題： 技術面通常都是前人的智慧與經驗所推演出來的結果，但目前

似乎沒有確切的數據說明有多少的機率股價實際會到達滿足點。在沒有預計獲利機率的情況下，投資人便無法計算期望報酬率。

綜合前面的分析我們可以知道，無論是基本面算價法或是技術面算價法，都是透過簡單的概念加上複雜的投資規則所構成，都屬於「簡單投資法」（詳見5-1）。簡單的概念大家都能夠理解，然而其背後複雜的情況並非一般投資人有能力解決的，故而這兩種算價方法需要專業的知識以及這方面專家才能準確運用。

實務上，我們也常看到，使用此兩種方法的一般投資人，經常出現下列幾個投資大忌：1. 大漲股票沒有買；2. 大跌股票沒有賣；3. 追高以及殺低；4. 一買就跌以及一賣就漲的困境。

忽略時間風險，導致投資報酬不彰

為什麼明明有這麼多的方法可以用，但是運用的結果卻都不怎麼好呢？我認為癥結點是因為這些方法告訴投資人的，都是「過去」的好公司以及「未來」的可能價格，然而在這之中，有一個很大的風險，那就是「時間」。預計投資的時間愈長，風險就愈高，所以通常債券的到期時間愈長，債券的殖利率愈高，就是這個道理。

　　那要如何避開時間風險呢？試想，如果今天我們可以用一個合理的方法計算出股票現在的合理股價，是不是就能針對目前股價以及合理股價之間的差距，做出理性的買或賣決策，以及執行交易動作？

　　只要能夠計算出合理股價，我們就能夠在目前股價低於合理股價時買進；在目前股價大於合理股價時賣出。如此一來，複雜的股票投資問題便簡化成只剩下一個必須解決的問題了：計算現在的合理股價。

符合4項特性 才是真正「合理股價」

6-2

　　什麼是合理股價呢？「合理」就是一人一張嘴，只要能說得出道理就合理。每一位股市投資人心中對於自己關注的股票都有一個「隱形」的合理價格，只要認為現在的價格低於心中的合理股價就買進；認為現在價格高於心中的合理股價就賣出。

　　每位投資人的合理價格會因各種政治、經濟以及心理情緒的變化而有所調整，當股市的參與者很多時，股票市場就成為一個複雜的環境；集合所有投資人的交易行為，股票價格就形成隨機波動。如同布朗運動（指微小粒子或者顆粒在流體中的無規則運動）一樣，當股價呈現隨機波動時，投資人很難預測下一步的股價。

　　只是在股票市場中，每個人的力量並不相同，因此股價通常會往力量最為強大的那個人心中的價格趨近。也就是說，當某一檔股票被一位或一群力量強大的人介入買進，而且買進的力量既大且久，這檔股票的股價就比較可能會往這

一群人心中的合理價格靠攏，這一檔股票便可能會有所謂的「合理價格」。也就是說，合理股價在特定的條件下應該是存在的。

試想，當一陣風吹過時，灰塵的行進路線會完全隨機亂飄嗎？至少會依照風的方向前進才是合理的。當然這一群人的合理股價並不會完全相同，我們只能確定的是，現在的股價低於這群人的合理股價，因此他們執行了買進動作。

那什麼是合理股價呢？我認為應該要滿足下列特性：

特性 1》為「現在」的合理股價

因為未來可能發生的狀況十分怪，而且期間愈長，就會有愈多的變數，因此預測未來股價的難度非常高。而且預測的時間愈長，難度就愈高，準確度愈低。不過如果依據「現在」的各項條件，來預估「現在」的合理股價，或許就相對可行。例如，預估明天的股價漲幅大於 10% 的機率，跟預測 1 個月後股價漲幅大於 10% 的機率相比，當然是預估明天上漲 10% 的機率容易多了。而只要現在的實際股價與合理股價出現明顯差異時，便出現了可能的交易訊號。

當我們發現外資開始買進 1 檔股票時，我們無法知道未來外資會持續買進多少比率的股票數量，只能知道截至目前為止，外資「已經」買超了多少比率。

如果我們能在這樣的已知條件之下，來預估現在的合理股價，再從合理股價與目前股價的差異來作為買賣的判斷依據，這樣的做法就相對可行。

特性 2》為一段具相對應機率值的「價格區間」

股票市場具複雜性，參與者如此之多，影響股價的因素又是多如牛毛，實際的股價波動無法由有限甚至是單一因素完全決定，即便是有一波強大買盤介入，這一波買盤的投資人心中的合理股價也不會完全一樣。

當這一群人依照心中的合理股價進行交易時，能相對確定的是股價的走勢「方向」，但無法確定股價一定會漲到哪一個價格。也就是說，合理股價並不是一個特定值，而是一段具有相對應機率值的價格區間。

使用歷史股價資料並運用統計學，計算出在某項（或多項）影響股價重要因素下的價格，與此價格相對應的機率值，如此才能稱為合理價格。若算出來的只有一個目標價，就是一種帶有保證的價格了。

特性 3》隨著客觀因素「即時動態」調整

合理股價必須要能隨著各項客觀因素的變動而調整，而且相對應的調整能夠

愈即時愈好。也就是説，合理股價愈能貼近各項變數，且能同步甚至是領先調整愈好，如果總是過度落後調整，就不夠合理了。如果投資人可以找到影響股價的領先因子時，你應該會是股市贏家圈中的一員。如果無法找到領先因子，但能夠找到同步因子的話也不錯，進入贏家圈的可能性也很高。

比較不好的是股價的落後因子，落後因子常常是股價上漲或是下跌的主因。由於投資人知道的時間點已經比實際股價反映慢很多，故當投資人知道好消息時，常常股價已經上漲一大段；當投資人知道壞消息時，常常股價已經下跌一大段。

因此，運用領先或同步影響股價的因子來即時動態調整的合理股價才是真的「合理」，如果是運用過於落後股價的因子來調整，就不夠合理了。這也是為什麼知名分析師的報告如此值錢，法人或大戶需要花這麼多的錢去買，便是希望能夠更快地得到產業與公司的第一手資訊，以使提早執行相對應的買賣布局，知名分析師的第一手報告可説是股價的領先指標。

從這一個角度來看，基本面分析的投資人經常使用「本益比」來計算合理股價似乎就有點不合理了。因為公司財報是每 1 季發布 1 次，加上公司財報公布的時間點，投資人知道公司的財務狀況幾乎落後 3 ～ 6 個月。因此，基本面是股價的落後指標，經常發生股價大漲 3 個月後才有好的財報，或是股價出現大

幅度下跌時,媒體還在報導公司的業績很好等等,結果公司卻公布不佳的財報,就是因為這些指標不夠即時所造成的影響。

相較之下,技術面與籌碼面的即時性就比基本面來得好,每天都會有新的技術指標數值及籌碼的買賣結果,可以提供給投資人作為每天交易決策的依據。但因為技術面算價方式過於困難,因此我是採用籌碼面算價方式為主,配合技術指標來判斷合理股價。

特性 4》追求「合理」而非最高報酬率

合理股價追求的並不是最高投資報酬率;相對地,是追求一個在目前所擁有的資訊下,有多少機率可達到的最高股價。當股票實際價格遠高於合理股價時,除非有更強而有力的理由來合理化目前如此高的股價,否則便應準備賣出。這並非代表股價不會繼續上漲,只是機率比較低。因此,合理股價只能獲得合理的投資報酬,即使有令人驚豔的超額報酬,都應該視為只是一場美麗的邂逅。

合理報酬率並不是一個固定值,而是依據投資人現在的能力所能得到的報酬才是合理報酬,當你的投資能力愈好,就能獲得愈高的合理報酬。如果只是一味的追求最高報酬的投資方法,很容易被打入深淵。因為最高報酬的投資方法的另一個說法就是「最高風險」的投資方法,除非你自認為是非常厲害的投資

高手，能夠避開所有風險，否則目標還是以符合現有投資能力所能獲得的合理報酬為宜。

綜上所述，利用籌碼面分析來推算合理股價是較為可行的方法。而眾多籌碼當中，力量最大且最理性的非外資莫屬。外資具備了一般投資人所欠缺的「4夠」：夠多錢、夠專業、夠耐心、夠多資訊，再加上外資的投資決策夠理性，相對於一般投資者更能理性且即時的依據目前各項政經條件做出投資決策，加上一般投資人又能於每日盤後取得外資買賣交易資訊，方便動態調整合理股價。因此，從外資的角度出發，計算外資心中的合理股價與對應的機率值，並依據每日的交易資訊來同步調整便成為一個可行的方法。

《孫子兵法》的〈始計篇〉提到：「夫未戰而廟算勝者，得算多也；未戰而廟算不勝者，得算少也。多算勝，少算不勝，而況於無算乎！」我們所期待的便是透過一系列的已知條件下，在失算與過算之間尋求一個合理的「精算」值，並運用統計學的方法，從「機率」的角度來判斷股價未來的各種可能性，這便是「外資買超合理股價精算法」的精義。

6-3　運用外資貢獻漲幅
估算股價上漲空間

　　了解合理股價的概念之後，接著就可以來介紹外資買超股的合理股價精算法，簡稱為「外資買超合理股價精算法」。

　　外資買超合理股價精算法就是運用機率的概念，透過每一位投資人的實際操作，計算出專屬於個人的期望報酬率，再加上複利的功能，獲得鉅額的長期投資報酬。因此，以外資買超比率計算出外資買超股的合理股價就是相對於一般投資人的單純投資法。

　　單純的事，才能重複發生。外資每天都在台灣股市中交易，台灣證券交易所每天也會統計出外資的交易狀況，投資人只要每天重複檢查這些數據統計，而且只用一個因子便足以解釋股價的漲幅，這樣夠單純了吧！

　　「單純投資」就是投資在自己具備投資優勢的領域。如果談到投資在自己具備投資優勢的領域，每天將外資買賣超的數據加減乘除，計算每日的外資買超

比率，應該是台灣的每一個投資人都可以具備的專業了吧！

外資貢獻倍數》外資買超一定比率時，影響股價的幅度

至於該如何實際運用外資買超比率計算出外資買超股的合理股價漲幅呢？我先解釋一個重要的名詞「外資貢獻漲幅倍數」（以下簡稱為外資貢獻倍數）。

所謂的外資貢獻倍數是指當外資在一段期間內累積了一定的買超比率後，對於股價在這段期間上漲幅度的影響程度（貢獻度）。白話一點就是，外資貢獻倍數就是當外資買超 1% 時，股價在這段期間可能上漲多少百分比的概念。舉例說明如下：

1. 假設外資買超比率 0.5%，股價可能上漲 7.5%，則外資貢獻倍數為 15 倍（7.5%÷0.5%）。

2. 假設外資買超比率 2%，股價可能上漲 18%，則外資貢獻倍數為 9 倍（18%÷2%）。

外資貢獻倍數並不是一個定值，會隨著外資買超比率的增加，呈現遞減的狀況。投資人在實際應用時需要隨著外資買超比率的增減而動態調整，類似經濟學的「效用遞減」現象，主要原因有下列幾種：

　　1.當外資開始由賣轉買時，籌碼面的好轉會讓股價立刻有所表現，因此初期的外資貢獻倍數比較大。

　　2.當股價隨著外資買超比率的增加而上漲時，此時陸續會有其他的投資人獲利下車或是過去套牢投資人的解套賣壓出現，因此需要更多的買超才能推動股價上漲。

　　3.外資採取買對加碼策略，當外資認為這家公司未來股價可期時，會採取逢低買進的方式，以降低買進的成本。

　　純粹只考慮外資買超因子時，根據個人的實證研究，不同的外資買超比率對於股價上漲幅度的貢獻度也會有所不同（詳見表1）。若按表1，當投資人發現外資買進1檔股票，不同買超比率下，外資貢獻倍數分別為：

　　1.外資買超比率為0.5%時，外資貢獻倍數應為15倍。

　　2.外資買超比率為2%時，外資貢獻倍數應為9倍。

　　3.外資買超比率為8%時，外資貢獻倍數應為6倍。

　　在使用這種方法時讀者必須了解，影響股價的因素有很多，但此處我們只考慮單一因子（外資買超）對股價漲幅的影響，所以無法完全解釋股價波動，但這個方法可以幫助我們計算出外資對於買超股票認定的合理股價，作為投資決策的依據之一。

表1 隨著外資買超比率增加，外資貢獻倍數反而遞減
——外資買超比率對於股價上漲幅度的貢獻度

外資買超比率（％）	<1	1~3	3~5	5~10	10~20	≥20
外資貢獻倍數（倍）	15	9	8	6	5	4

註：外資買超比率 1 ～ 3 是指該數字「大於等於 1 到小於 3」的範圍內，後續依此類推

　　此外，讀者必須接受，外資貢獻倍數只是「平均值」的概念，實際運用時可以因應個別股票不同的特性調整。例如，中小型股的股價波動通常會大於大型股，所以實際運用在中小型股時，可以適度地提高外資貢獻倍數的數值；運用在大型股時，則可以適度地降低外資貢獻倍數的數值。另外，電子股相對於傳產股與金融股來說，股價波動也比較大一點，因此也可以用同樣的方式做調整。

外資貢獻漲幅》外資買超比率乘以外資貢獻倍數

　　當投資人計算出外資買超比率以及相對應的外資貢獻倍數後，便可以計算出在目前的外資買超比率條件下，外資買超股的可能股價漲幅，也就是「外資買超貢獻漲幅」（以下簡稱外資貢獻漲幅），公式如下：

外資買超股的可能股價漲幅＝外資貢獻漲幅
**　　　　　　　　　　　＝外資買超比率 × 外資貢獻倍數**

上述提到外資貢獻倍數是一個平均值的概念，是集合了許多股票的歷史股價漲幅數據，在相同的外資買超比率區間下的平均漲幅概念。

既然是平均值，就代表不會是一個絕對的數字，而是一個統計機率的相對概念，並不是代表股價會剛剛好上漲到讀者所計算出的外資貢獻漲幅，取而代之的是用「機率」來說明股價漲幅的各種可能性。

也就是說，我只能告訴讀者在外資買超的這段時間，股價的漲幅會大於你所計算出的外資貢獻漲幅的機率有多少，將股價漲幅的各種可能性列舉出來，幫助投資人合理的判斷目前的股價漲幅是否合理。依據實證資料分析的結果如下：

1. 實際的股價最高漲幅會大於外資貢獻漲幅的機率約為 70%。
2. 實際的股價最高漲幅會大於「外資貢獻漲幅－5%」的機率約為 80%。
3. 實際的股價最高漲幅會大於「外資貢獻漲幅－10%」的機率約為 90%。
4. 實際的股價最高漲幅會大於「外資貢獻漲幅＋5%」的機率約為 50%。

上述的機率值適用於最高價漲幅（以下簡稱為股價漲幅）低於 50% 時，當股價的漲幅大於 50% 後，股價的波動幅度會更大，每一個機率值的股價漲幅區間需要部分修正，但因為這種狀況出現的機率較低，故不多做說明。此外，讀者要注意的是，此處的最高價漲幅是指從旗標日（詳見 6-4）開始算起，到

範例試算 1》外資貢獻漲幅

假設外資買超比率為 0.5%、2%、8% 的情況下，外資貢獻漲幅分別為多少？

① **外資買超比率為 0.5%，外資貢獻倍數為 15 倍**

外資貢獻漲幅＝ 0.5%×15 ＝ 7.5%

② **外資買超比率為 2%，外資貢獻倍數為 9 倍**

外資貢獻漲幅＝ 2%×9 ＝ 18%

③ **外資買超比率為 8%，外資貢獻倍數為 6 倍**

外資貢獻漲幅＝ 8%×6 ＝ 48%

檢視當天期間曾經出現的最高價格來計算。

留意實際股價漲幅仍有一定機率與估值不同

我們從上述說明便可以製作出外資買超股的股價漲幅可能會達到多少的機率值，將可能的股價漲幅與對應的機率值彙整成一張表，稱為「合理漲幅區間機率表」（詳見表 2）。

至於合理漲幅區間機率表該怎麼編製呢？可以看範例試算 2。

表2 實際股價漲幅大於外資貢獻漲幅機率有70%

——合理漲幅區間機率表

合理漲幅	外資貢獻漲幅 −10%	外資貢獻漲幅 −5%	外資貢獻漲幅	外資貢獻漲幅 +5%
機率值（%）	90	80	70	50

　　合理漲幅區間機率表最大的用處在於，能夠讓你看清楚目前的股價漲幅是否合理。一般投資人在買進股票之後，通常會有一種期待感，期待這檔股票的股價「應該」會漲到多少，也就是投資人心中隱形的合理股價，而且最好是買到大飆股，股價自你買進之後就開始一路向上衝到外太空。

　　不過，我可能要潑你一桶冷水，從合理漲幅區間機率表的概念來看，合理股價漲幅區間是機率值的概念，這樣的機率概念也在提醒投資人，股價在特定的外資買超比率條件下，股價會一飛沖天的機率幾乎是「0」。然而股價一飛沖天的可能性真的是0嗎？當然不會剛剛好為0，而是一個機率相當低的可能性。

　　如果以範例試算2來看，當外資買超比率高達8%時，股價漲幅高於38%的機率有90%，但這也表示，股價漲幅低於38%的機率尚有10%。我自認為是一個運氣不是特別好的人，所以不太會期待股價一路向上衝到外太空的好事會發生在我的身上。因此，當股價漲幅已經到達發生機率很低的區間時，我的

範例試算 2》編製合理漲幅區間機率表

① 假設外資買超比率為 2%，外資貢獻倍數為 9 倍

外資貢獻漲幅＝ 2%×9 ＝ 18%

合理漲幅區間機率表

合理漲幅 （%）	外資貢獻漲幅 －10%	外資貢獻漲幅 －5%	外資貢獻 漲幅	外資貢獻漲幅 ＋5%
	8	13	18	23
機率值（%）	90	80	70	50

② 假設外資買超比率為 8%，外資貢獻倍數為 6 倍

外資貢獻漲幅＝ 8%×6 ＝ 48%

合理漲幅區間機率表

合理漲幅 （%）	外資貢獻漲幅 －10%	外資貢獻漲幅 －5%	外資貢獻 漲幅	外資貢獻漲幅 ＋5%
	38	43	48	53
機率值（%）	90	80	70	50

選擇會是先賣出股票再說。

　　就我的統計資料來看，當外資買超比率低於 3% 時，股價漲幅大於 100% 的機率僅為 0.05%，大約是每 1 萬次會發生約 5 次的機會。機率再低，都可能會發生，只是讀者需要自己判斷，這樣的好事發生在自己身上的機率是多少了。

如果是我，我會直接認為機率就是 0 了。

讀者想知道當外資買超比率 10% 時，股價漲幅會大於 100% 的機率有多少嗎？在外資買超下，各種可能的漲幅都只是不同機率的差別罷了。基本上，在外資買超比率 10% 的條件下，股價漲幅大於 100% 的機率一定會大於外資買超比率 3% 的機率（0.05%）。但就我的觀察而言，在外資買超比率 10% 的條件下，股價漲幅大於 55% 的機率約 50%，所以讀者對於外資買超股的可能股價漲幅真的不要懷抱著太大的期待。因此，若是未來聽到或看到外資大買某一檔股票的消息時，先算一下外資到底買了多少比率，以及這一檔股票的股價已上漲了多少再說吧。

運用機率作為投資決策，須注意 3 件事

綜觀上述分析，我認為「合理漲幅區間機率表」是用來預估合理股價最好的方式，因為股票市場是一個非常複雜的市場，各種情況都可能發生，所以非常適合運用機率作為投資決策的工具。只是在利用機率這項工具時，須注意一般人經常誤解的幾件事：

1.高機率不代表一定會發生

這是一般人最常發生的問題，常常誤以為發生的機率很高就是隱含了一定會

發生的意思，其實不然，一定會發生的機率是 100% 才對。舉例來說，90%
的高機率代表「非常可能」發生，也就是說，假設有 100 次的機會，其中發
生的次數「只」有 90 次而已，當出現另外的那 10 次時，不是方法不準，只
是出現了另外的 10% 而已。

2.低機率不代表一定不會發生

同樣地，機率低不代表不會發生。當發生的機率只有 10% 時，代表每 100
次的機會，就有發生 10 次的機會。就像是丟銅板連續出現 10 次人頭的機率
僅 0.1%（0.5^{10}），機率很低吧？但是，如果同時間有 1,000 個人一起連續
丟 10 次銅板，可能就會有 1 個人連續出現 10 次的人頭了，這就是低機率不
代表一定不會發生的例子。只是說這種低機率的情況，會剛剛好發生在你的身
上嗎？即使是，下一次還會繼續發生在你的身上嗎？

3.機率愈接近50%愈沒有參考價值

有些人會誤認為 50% 的機率已經很高了，但其實從統計學的角度看，如果
賭的是二分法，譬如說上漲或下跌、賺錢或賠錢，50% 的機率值其實不太具
有參考性，就跟丟銅板決定差不多。試問，你會用丟銅板來決定是否買進或賣
出股票嗎？我想應該是不會吧！所以如果投資決策系統提供你一個投資的好方
法，結果回測的獲利機率只有 50% 或是更高一點而已，那麼可能直接丟銅板
決定會更直接而且更容易一點。

6-4 訂定旗標日、基準股價 製作合理股價區間機率表

到目前為止,已經說明了如何計算外資買超比率(詳見5-4)、外資貢獻漲幅,以及如何製作合理漲幅區間機率表(詳見6-3)。當我們將之實際運用在買賣交易時,可以簡化為另一個協助買賣決策的視覺化表格:合理股價區間機率表。只要運用此表就可以透過實際股價與可能的合理股價間的差異,輕鬆地完成交易決策。

製作合理股價區間機率表的步驟如下:

步驟 1》訂定外資買超旗標日

讀者至此應該已經理解外資買超比率與股價漲幅之間的重要關聯,以及外資買超比率是一個累積的概念。不過,目前仍尚未說明應該從什麼時候開始算外資的累積買超比率,其實就是從「外資買超旗標日(以下簡稱旗標日)」開始計算。

旗標日是一個相當特別的日期，可以視為是這一波外資買超而且股價上漲的開始日。那要怎麼找出旗標日呢？很簡單，首先找出 1 檔外資一直賣超的股票，此時通常股價也會呈現出長期的下降趨勢。再來，當外資開始轉賣為買的第 1 日，我們就把它定義為旗標日。接著，就可以從旗標日（含）開始累積外資買超比率，累積到旗標日消失（定義詳見後文）為止。也就是從旗標日出現的那一天開始，將每天外資的買賣超張數加總，再除以該股票的總張數，即可計算出自旗標日起的外資買超比率了。

但有一點要請讀者務必記住，外資累積買超比率是把每天外資買超或賣超全部加總起來，而不是只加上買超的部分。此處僅是因為方便說明所以將之簡稱為「外資買超比率」。

請讀者回想一下，外資買超合理股價精算法的投資選項，只有在外資買超且股價上漲時可以投資。因此，自旗標日出現後，若發生下列兩種情況中的其中一種，旗標日便消失，變成不可投資或是不能理解的投資選項了：

1. 外資買超比率 ≤ 0。
2. 當日最低價小於旗標日的最低價。

也可以說，具有下列兩項條件方能定義為外資買超旗標日：

　　1. 自旗標日後外資的累積買超張數均大於０。

　　2. 旗標日的最低股價為這一波段的最低點，也就是說，自旗標日後最低價未再低於旗標日最低價。

　　當外資買超旗標日消失後，便繼續等待下一個旗標日出現，再重新累積外資買超比率。

　　5-1 有提過，單純投資法強調的是創新的投資概念，需要讀者在前期多花一點時間去理解。在我自創的「外資買超合理股價精算法」中，無論是外資買超比率的累積概念、外資操作對股價漲幅的影響、旗標日的概念等，都是一個全新的概念，單單透過案例說明可能比較難以理解。建議讀者可以使用看盤軟體的 K 線圖，搭配外資買賣超副圖一起看，挑幾檔自己比較熟悉的股票練習找出旗標日與旗標消失日，應該可以很快上手。我在第 8 章也有舉幾檔股票案例說明，讀者也可以搭配參考。

步驟 2》 訂定基準股價

　　訂定出旗標日後便可以計算出累積至現在的外資買超比率，也就能計算出外資貢獻漲幅以及製作合理漲幅區間機率表。每一個漲幅區間所對應的合理股價公式如下：

表1 利用基準股價、外資貢獻漲幅，計算合理股價區間
——合理股價區間機率表

合理漲幅（%）	外資貢獻漲幅 −10%（A）	外資貢獻漲幅 −5%（B）	外資貢獻漲幅 （C）	外資貢獻漲幅 +5%（D）
合理股價 計算式	基準股價× （1+A）	基準股價× （1+B）	基準股價× （1+C）	基準股價× （1+D）
機率值（%）	90	80	70	50

合理區間股價＝合理漲幅 × 基準股價
其中，基準股價＝旗標日的最低股價

依照上述的公式便能製作出「合理股價區間機率表」（詳見表1），其意義以及使用方式如下：

1. 自旗標日起，最高價大於合理股價 A 的機率為 90%。

2. 自旗標日起，最高價大於合理股價 B 的機率為 80%。

3. 自旗標日起，最高價大於合理股價 C 的機率為 70%。

4. 自旗標日起，最高價大於合理股價 D 的機率為 50%。

當最高價大於合理股價 D 時，並非表示股價不會繼續上漲，而是提醒讀者，需要注意近期股價漲幅可能較高，有回檔下跌的風險，至少目前應該不是一個

好的買進點。若你是比較穩健的投資人，且已經持有這檔股票，反而可以考慮
減碼，等待股價回檔時的下一次買點。

從實際股價與這一張視覺化的合理股價區間機率表的差異，就能輕鬆地完成
交易決策，譬如說，假設目前股價距離 90% 機率值的股價區間尚有一段距離，
應是買進決策；假設目前股價已經遠超過 50% 機率值的股價區間，應是賣出
決策才合理。

範例試算》製作合理股價區間機率表

假設 A 股票的股票張數 1 萬張，外資一直賣超至 T 日（旗標日）開始買進，
每日的買賣超張數如下表：

日期	T	T+1	T+2	T+3	T+4	T+5
外資買賣超張數（張）	50	-15	25	30	-10	40

① **計算累積至 T + 5 日的外資買超比率**

外資買超比率

＝外資累積買超張數 ÷ 股票張數 ×100%

＝（50 － 15 ＋ 25 ＋ 30 － 10 ＋ 40）÷10,000×100%

＝ 120÷10,000×100% ＝ 1.2%

② 考量「外資累積買超張數」計算旗標消失日

承續上例，自 T + 6 日起的外資買賣超張數如下表，請問旗標消失日為哪一天？

日期	T+6	T+7	T+8	T+9	T+10	T+11
外資買賣超張數（張）	-70	10	-45	-20	-40	40

外資累積買賣超張數

日期	T+6	T+7	T+8	T+9	T+10	T+11
外資買賣超張數（張）	-70	10	-45	-20	-40	40
累積買賣超張數（張）	50	60	15	**-5**	N/A	N/A

➡由於外資自 T + 9 日的累積買超張數＜0，因此旗標消失日是 T｜9 日。另外，由於 T + 11 日外資又出賣超轉為買超，因此可以將 T + 11 訂為另一個旗標日，重新自 T + 11 計算另一次的外資買超比率。

③ 考量「外資累積買賣超張數」及「最低價」計算旗標消失日

外資自 T 日開始轉賣為買後，每天的買賣超張數及最低價如下表。請問旗標消失日為哪一天？

日期	T	T+1	T+2	T+3	T+4	T+5
外資買賣超張數（張）	50	-15	25	30	-10	40
最低價（元）	100	102	105	103	**98**	104

➡自 T 日至 T + 5 日的外資累積買超張數都大於 0，但是 T + 4 日的最低價 98 元小於 T 日最低價 100 元，所以 T + 4 日是旗標消失日。不過 T + 5 外資還是繼續買超，所以可以將 T + 5 日訂為另一次的旗標日，重新累積外資買超張數。

接續下頁

④ 計算 T ＋ 5 日的外資貢獻漲幅

外資買超比率（%）	<1	1~3	3~5	5~10	10~20	≥20
外資貢獻倍數（倍）	15	9	8	6	5	4

➜ T ＋ 5 日的外資買超比率為 1.2%，從上表可知，外資貢獻倍數是 9 倍。
外資貢獻漲幅＝ 1.2%×9 ＝ 10.8%

⑤ 製作合理股價區間機率表

此外，由於 T 日的最低價為 100 元，故可知基準股價就是 100 元。利用這些資訊我們就可以製作合理漲幅區間機率表與合理股價區間機率表。

合理漲幅區間機率表

合理漲幅（%）	外資貢獻漲幅 −10%	外資貢獻漲幅 −5%	外資貢獻漲幅	外資貢獻漲幅 +5%
	0.8	5.8	10.8	15.8
機率值（%）	90	80	70	50

合理股價區間機率表

合理漲幅（%）	外資貢獻漲幅 −10%	外資貢獻漲幅 −5%	外資貢獻漲幅	外資貢獻漲幅 +5%
	0.8	5.8	10.8	15.8
合理股價（元）	100.8 （100×（1+ 0.8%））	105.8 （100×（1+ 5.8%））	110.8 （100×（1+ 10.8））	115.8 （100×（1+ 15.8））
機率值（%）	90	80	70	50

第7章

進階操作
靜態與動態因素

7-1 依照股票靜態因素 判斷是否買進

看完第 6 章外資買超對於股價的影響後,接著來看其他重要因素。

投資市場中的訊息多如牛毛,特別是在科技的推波助瀾之下,「大數據」成為近年的顯學。只是太過氾濫的數據容易掩蓋了真正重要的訊息,增加決策的難度。對許多人而言,在投資時,「多而無用的訊息」反而產生了巨大的干擾。

要知道「魔鬼總是藏在細節裡」,投資人更需要知道的是那些具決定性影響的「關鍵數字」,以提升個人投資決策的準確度。至於要怎麼判斷哪些訊息才是真正有用的資訊,而非雜訊呢?

其實答案很簡單,判斷的準則只有一個:這項訊息對你的投資決策是否有意義?如果這項訊息會影響你的投資決策,便是有用的資訊;如果這項訊息不會影響你的投資決策,便是雜訊。然而,由於每個人的投資能力與投資方法各不相同,因此每個人對於資訊的認知是不一樣的,而資訊對每個人的影響程度也

會有所不同。對於外資買超股來說,有哪些影響股價的重要資訊是每位投資人都必須要了解的呢?

靜態因素為股票的先天基因,動態因素為後天環境及努力

我將這些影響外資買超股股價的重要資訊區分成「靜態因素」與「動態因素」,其中靜態因素代表的是股價的先天基因,是與生俱來、出生的當下便已經確定的。因此,靜態因素是依據旗標日「當日」的資料為準。而動態因素代表的則是後天努力及環境養成的,因每日「累積」的狀況而有所不同,如同後天的學習積累。因此,動態因素是依據旗標日之後的資料為準。

平心而論,當某一檔股票先天就具有大漲的基因,再加上後天的努力及環境配合,就很容易大漲。而先天不具大漲基因的股票,並不代表未來就不會大漲,只是需要後天更多的努力,也就是需要更多其他的條件搭配才可能大漲。

接下來,我將提供個人針對靜態因素和動態因素的實證研究,以及對於未來股價有大大加分的關鍵數字。

我必須提醒大家,這些關鍵數字表達的是一種「可能性」,而不是一種絕對保證。基本上,實際數字優於關鍵數字表示對於股價具有相當正面的評價,股

價漲幅比較可能會超漲；實際數字遜於關鍵數字並非表示對於股價具有負面的評價，只是比較不會超漲而已。這些關鍵數字就好比是考卷的加分題，沒有達到不會影響結果，但若有達到的話就可以加分，可以幫助大家在買進和賣出的關鍵時刻做進一步的判斷。

下面我們先來介紹靜態因素，至於動態因素則留待 7-2 再來介紹。同樣地，所探討的內容也都是針對我認為最值得觀察的股票類型——外資買超股作為出發點來思考。

我將靜態因素視為是一種「先天基因」的概念，代表的是當外資決定「開始」買進時的考量因素，表現的是未來股價是否具備大漲的可能，也是初期評估是否買進的重要考量因素。

讀者可以將靜態因素想像成先天的智商或天賦，智商高或天賦高的小孩會在早期就被賦予期待，所以具備良好靜態因素的股票，可以作為考慮買進的優先選擇。

另外，靜態因素沒有特別好並非代表不可以買進，只是需要更多的其他條件搭配，譬如說可以等外資買超比率較多，或是動態因素具有優勢時再來考慮是否值得買進。下面就來介紹幾個重要的靜態因素：

因素 1》市值 300 億元以下，股價愈容易被拉抬

一般來說，股價的漲幅與市值的關係相當密切。市值指的是一家上市公司在證券市場上的「市場價格總值」，公式如下：

市值＝收盤價 × 股本 ÷ 股票面額

舉例來說，如果某一家公司的股本 100 億元，收盤價 30 元，股票面額 10 元，它的市值就是 300 億元（30×100 億 ÷10）。

股價的上漲是需要用真實的金錢堆疊上去的，市值愈高，就表示需要用愈多的錢來推升股價；市值愈低，股價就愈容易被拉抬。

舉個例子來看，假設外資針對 2 檔股票同樣買超 3 億元，其中 1 檔股票的市值為 300 億元，買超 3 億元相當於 1%（3 億 ÷300 億 ×100%）的買超比率，另 1 檔股票市值 3,000 億元，買超 3 億元相當於 0.1%（3 億 ÷3,000 億 ×100%）的買超比率。由於外資買超比率 1% 的拉抬漲幅，必定會比買超比率 0.1% 的拉抬漲幅多，故而前者股價上漲的可能性也會比較大。

因此，當出現低市值股票而且外資的籌碼開始買進時，預期股價的漲幅將相當可觀，此時投資人應該勇敢買進。但因為市值較低的股票股價波動較大，下

跌幅度也會較大，故而投資人必須嚴守停損機制，以避免可能的大跌風險。

　　至於多少的市值算低呢？我認為只要公司市值在 300 億元以下就算低，就我的統計結果來看，當外資買超比率相近時，市值 300 億元以下股票的平均漲幅會明顯高於市值 300 億元以上的股票。

　　一般來說，外資較少關注市值太低的股票，除了因為外資的錢比較多，市值太低意味著無法買進太多的股票之外，市值太低可能還會有流動性風險，也就是可能會有賣不掉的風險，這是一個更嚴重的問題，所以外資比較少買進市值太低的股票上。

　　正因如此，當讀者發現外資買進某一檔市值很低的股票時，可能是具備資金實力的假外資買進，或是這一家公司可能未來具有特別的好消息，吸引真外資進場，這也表示真外資不太擔心賣不掉的風險，值得投資人長期追蹤。

因素 2》年線乖離率大時，漲幅空間愈大

　　年線通常被視為長期股價趨勢的分水嶺，3-4 有提到，當股價位於年線（240 日均線）以上，代表未來股價位在年線之上的持續時間可能長達 1 年，隱含未來 1 年股價可能比較不會下跌的意思；反之亦然。

年線乖離率指的是股價與年線間的差異率，公式如下：

$$年線乖離率＝（收盤價 ÷240 日均線－1）×100\%$$

乖離率可以分為負乖離與正乖離，其中負乖離表示目前的股價位於年線以下，而正乖離則是表示目前的股價位於年線以上。正負乖離率又可依據股價相對於年線的位置分成 4 部分：

1.年線負乖離率很大「＜-20%」

當股價處於年線以下且負乖離率很大（＜-20%）時，通常表示股價剛剛經過一段期間的急跌，這樣的狀況常是因為股票出現利空的消息，通常也會伴隨著外資與投信等法人大賣。這時如果股價籌碼面好轉（外資買進），股價的反彈也會相當可觀，而且這段時間的股價上漲速度通常也會比較快，常常是一般投資人發現的時候，股價已經上漲了一大段。

舉例來說，假設 1 檔股票的股價 70 元，年線價格為 100 元，此時股價距離年線的乖離率 -30%（（70÷100 － 1）×100%）。假若外資大量買進且股價上漲至年線，則上漲幅度將高達 43%（（100÷70 － 1）×100%），這樣的漲幅真的很可觀。

2.年線負乖離率較小「-20%～0」

低於年線以下且負乖離率較小（-20% ～ 0%）時，通常表示股價可能剛剛跌了一段或是大跌之後，又再經歷一段時間的盤整。此時如果外資開始買進，股價的平均漲幅相對較小，主要是因為受到年線的壓力影響。

在第 3 章技術面分析時曾經提到，當股價位於年線以下時，年線是壓力，如果距離上次跌破年線的時間尚未超過 1 年，此時公司基本面如果並未真正好轉，通常股價上漲到年線附近便會受到年線的壓力而再度下跌。但是相反地，如果公司基本面真的好轉，那麼股價也會伴隨基本面好轉而大漲，只是就經驗來說，年線較不易一次突破，通常會先跌回年線之後再漲，因此須注意股價拉回之後的可能買點。

3.年線正乖離率較小「0%～20%」

當股價處於年線正乖離率，且乖離率較小（0% ～ 20%）時，通常表示股價可能剛剛上漲了一段或是大漲之後，又再經歷一段時間的回測盤整。如果此時外資開始買進，因為長期的壓力已經轉為支撐。股價具備長線的支撐後，若再加上外資籌碼的買進，對於股價的長期向上趨勢有相當正面的意義。

4.年線正乖離率很大「＞20%」

當年線正乖離率大於 20% 時，表示股價已經歷一大段上漲。一般總認為股價漲幅已高，不會再漲，且乖離率這麼大，股價大幅修正的可能性很高。不過

根據實證資料顯示，當年線正乖離很大時，即使股價位階已經很高了，但是真正的高點還會更高。千萬不要小看未來股價的上漲空間，必須勇敢地大力買進。

如果是用狗與主人的例子來說明，這條狗很可能是有如獒犬般的大型狗，即將演出一場狗（股價）將主人（年線）往上拉抬的戲碼，只是不能再期待隨時會有大漲超過 100% 的機會了，畢竟股價早已經大漲一大段了，而且股價再漲 100% 意味著外資可能需要再買超 25% 的比率，這樣的機率是比較小的。

就過去的經驗來說，1 檔股價位於相當低基期的股票，當長線基本面轉好時，譬如說有新產品，或是獲得大訂單，甚至是整體產業轉佳，成為被外資長期看好的股票之後，股價的反映將有如上述 4 階段分次上漲。

股價總是在所有人都不看好時默默上漲（年線負乖離率很大），然後在所有人一致看好時戛然而止（年線正乖離率極大時），並且股價急速大跌。近期最著名的例子就是被動元件的國巨（2327）了，其實這樣的例子不勝枚舉。

所以建議讀者，當看到年線乖離率已經大到非常離譜的時候，務必冷靜想想看，是否還要進場。畢竟當獒犬用盡所有力氣向前衝到極致時，最後還是需要乖乖回到主人身邊，等待主人賞牠一口飯吃。而且通常等牠吃完飯，就會開始睡覺了。如果你不信，請看看國巨的 K 線圖就懂了（詳見圖 1）。

圖1 年線正乖離過大時,股價容易下跌
——國巨(2327)日線圖

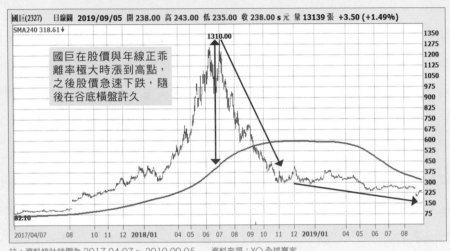

國巨(2327) 日線圖 2019/09/05 開238.00 高243.00 低235.00 收238.00 s 元 量13139 張 +3.50 (+1.49%)

SMA240 318.61↓

國巨在股價與年線正乖離率極大時漲到高點,之後股價急速下跌,隨後在谷底橫盤許久

1310.00

82.10

2017/04/07　08　10　11　12　2018/01　04　05　06　07　08　09　10　11　12　2019/01　04　05　06　07　08

註:資料統計時間為2017.04.07 ~ 2019.09.05　　資料來源:XQ 全球贏家

因素 3》1 年最大跌幅< -45%,反彈幅度更大

　　大部分公司在 1 年內通常都有產業的淡季與旺季之分,所以常會用 1 年來作為比較的基期。

　　一般來説,股價在淡季之前就會先跌,在旺季來臨之前就先漲了。因此,若是以 1 年當中的最高價當作基準,計算目前最低價相對於過去 1 年最高價的下

跌幅度，可以視為股市對這家公司過去 1 年的看法（評價）。計算公式如下：

1 年最大跌幅＝（今日最低價 ÷ 前 240 日最高價－1）×100%

當 1 年最大跌幅不大時，表示股市對於這家公司的看法不變甚至是更樂觀；相反地，若 1 年的最大跌幅非常大時，例如跌幅小於 -45%，表示股市對這家公司甚至是對整體產業的看法變得很不好，造成股價在過去 1 年大跌。

通常股價經過大幅度的修正之後，股價反彈的漲幅通常也會比較大。我個人的實證資料顯示，當股價真的經歷過相當大的跌勢後，如 1 年最大跌幅小於 -45% 以下時，在這一段期間，外資通常是站在賣方。若外資轉賣為買，可能意味著之前賣錯了，未來的買回力道也會比較大，股價的上漲幅度就會比較大。此時若再搭配年線負乖離率很大時，股價上漲幅度很值得期待。

7-2 依照股票動態因素決定加碼或是賣出

動態因素是一種「後天環境」的概念，代表的是當外資已經買進之後，是否有其他助漲或抑漲的因素加入？表現的是，未來股價是否具有「超漲」的可能？也是一個決定是否加碼或賣出的重要考量因素。

以合理股價區間機率表來說明，當讀者發現 1 檔外資買超股，實際股價已經進入 70% 機率值的股價區間時，該選擇賣出或是繼續持有呢？

這時就可以利用動態因素協助決策，若具備了良好的動態因素時，可以考慮繼續持有，等待股價進入 50% 機率值的股價區間時再賣出；若此時具備不佳的動態因素，便可以考慮賣出，先行實現獲利。

與靜態因素相同，動態因素的關鍵數字也是一種加分題，是用來幫助讀者在加碼買進、賣出的時候，用來進一步判斷使用的。接下來介紹 5 個重要的動態因素：

因素 1》大盤漲幅 ≥ 5%，個股股價上漲機率增加

台股加權指數（簡稱大盤）是所有股票的綜合體，它的趨勢決定了大部分股票的股價走勢方向。

一般來說，當大盤的趨勢向上，大部分股票的股價走勢比較偏向上漲，這時候買進股票的上漲機率就會更大一點，甚至上漲幅度也可能會比較大。當大盤的趨勢向下，大部分股票的股價走勢比較偏向下跌，這時候買進股票的上漲機率就變小了一點，上漲的幅度可能也會比較小。

投資人該如何判斷大盤的趨勢呢？建議可以運用第 3 章技術分析所提到的均線以及趨勢線判斷即可，不需要太多花俏的技術指標判斷，畢竟只是將大盤視為一個影響股價漲幅的因素而已。大盤漲幅的公式如下：

> **大盤漲幅＝（今日加權指數收盤價 ÷ 旗標日的加權指數收盤價 － 1）×100%**

根據個人實證的結果，以外資買超旗標日起計算外資買超這段時間的大盤累積漲幅，當大盤漲幅大於 5% 時，股價的平均漲幅會有較明顯的增加。也就是說，當這檔外資買超股的買超期間內，大盤漲幅大於 5% 時，可以考慮等到股價進入 50% 機率值的股價區間內再行賣出。當這檔股票的漲幅還低於 80% 機

率值的股價區間時，可以考慮買進（合理股價區間機率表詳見6-4）。

另外，如果讀者發現某一檔股票，在大盤大跌的過程中，外資居然反向大買而且股價上漲，這是另一種極端現象，表示這檔股票可能具備了非常特別的利多，反而是可以大膽持有、甚至加碼買進的特殊例子。

因素 2》投信買超比率 ≥ 0.1%，上漲速度更快

當某一檔股票同時具有外資及投信的買超時，股價通常都會有很不錯的表現，特別是投信對於股價短線的影響力較外資更是高了許多。通常當投信買進時，不需要太多的買盤就足以推動股價上漲，股價上漲的速度也會比純粹只有外資買進時快很多。

提供一個簡單判斷投信的買盤數字：0.1%。根據我的實務研究，當某一檔股票除了外資持續買進外，再加上投信買超比率大於0.1%時，通常可以期待股價會有相當亮眼表現。投信買超比率的公式如下：

投信買超比率＝投資買超張數 ÷ 公司股票張數 ×100%

不過，使用此種方法須注意的是，當股價呈現超漲狀態時，需要小心投信的買盤是否持續。若投信轉買為賣時，股價的下跌也會很可觀，須事先設定好停

利賣出價格。

投信的買超行為與外資相當類似，而且可能更加貼近台灣股市，因為投信對於台灣公司的了解程度更深。只是因為投信的買賣行為較外資更為活潑，而且股價的波動更大，相對較難以跟隨，需要具備更強的投資能力，才能跟隨投信的投資腳步。

因素 3》買超時間 ≥ 1 個月，不須急著賣出持股

自旗標日開始計算外資的買超時間，通常買超時間愈長，股價漲幅愈高。

外資買超股經常會先漲一段之後，股價便會停下來盤整，這段盤整期可視為確認這一次外資的買盤是屬於中長期或是短期的判斷依據。如何判斷外資的買盤屬於中長期呢？建議可以將 1 個月視為重要的觀察指標。

當外資持續買進而股價處於盤整修正階段時，若外資買超時間已大於 1 個月，而股價尚未有所表現時，除非是股價跌破重要均線，甚至是跌破基準股價，否則千萬要忍住賣的意念，甚至可能可以考慮加碼，等待未來股價的噴出階段。

另外有一種特殊狀況，因為有些股票每天的成交量較低，外資只能採取慢慢

買的方式進行，每天買進的數量不多，但是持續買進的時間會很久，股價也會呈現慢慢漲的狀況。這種狀況發生時，通常股價漲幅會落在較低機率的股價區間內（譬如 50% 機率值的股價區間），讀者此時反而不用急著賣出，可能未來會有特別的利多出現。

因素 4》股價創 1 年新高，可等待後續買點

一般的投資觀念是股價創新高時，高點還會更高，股價較容易上漲。創新高是一個準備大漲的很重要訊號，因此，當目前的股價已達創 1 年（含）以上的新高時，便可用來作為繼續持有股票的重要理由之一。股價創新高的公式如下：

創 1 年新高＝自旗標日至今日的最高價＞前 240 日最高價

不過，讀者需要注意當股價創新高時，這個時候經常可以從新聞中看到許多關於這檔股票的好消息，但是股價卻反而會有拉回的情形出現，所以建議讀者盡量不要買在股價創新高時，甚至可以考慮適度減碼，如果真的看好這檔股票，建議可以等到創新高後的回測，才是比較好的買點或加碼點。

因素 5》基本面出現轉變，未來超漲機率大增

基本面對於未來股價當然有影響，只是在實際的股票交易運用上，常常是一

表1 運用檢核表，檢視股票靜態、動態因素
——重要因素檢核表

公司	靜態因素檢核表			動態因素檢核表					
	市值	乖離率	1年跌幅	外資買超	大盤漲幅	投信買超	外資買超期間	創新高	基本面

個長期且落後的指標，真正具有同步甚至是領先的條件只有「轉變」。現在的股價表現常是對於公司未來發展的一種期待，營運有轉變才會有期待。

好的轉變主要有下列 3 項：

1. 轉虧為盈。

2. 營收由衰退轉為成長。

3. 毛利率上升。

當公司具有這些轉變時，未來股價可能超漲的機會大增。

　　我們可以將上述影響外資買超股股價的重要因素實際運用在日常的股票交易（實際用法詳見第 8 章）。如果發現某一檔股票先天基因就好，後天環境又相當配合，目前的股價又尚未有所表現，這一檔股票就很有可能是夢寐以求的「鑽石股」了。

7-3 擬定買賣時機 不再被市場情緒牽動

看到這裡，相信大家對於外資買超合理股價精算法已經有一定的了解。下面就來介紹使用此種方法的股票池以及買賣交易時機。

股票池》元大台灣 50 成分股具 3 優勢

先來介紹股票池。台灣的散戶有一個奇怪的現象，偏好買小型股，對於大型股常常敬謝不敏。一般投資人不喜歡買進大型股的最主要原因是：比較不會漲，上漲的速度又慢。不過，就我的實證經驗來說，在外資買超的條件下，大型股的平均上漲幅度其實不比中小型股小，只是因為股本較大，需要長一點的時間外資才能買進相同的股本比率。誰說大象不會跳舞？只是跳舞的動作遲緩一點罷了。

至於投資人會有大型股比較不會漲的誤解，可能是因為報紙媒體偏愛報導飆股，而大型股很難是飆股，因此比較少被一般投資人注意到。如果讀者能夠領

先其他投資人，更早發現某一頭「大象」似乎開始舞動了，並且早早跳上大象的背上，跟著大象的旋律一起共舞，這樣的過程似乎更加美妙。等到其他投資人發現大象真的在跳舞時，應該也很難靠近，更遑論跳上象背了吧，就只能遠遠的欣賞，這樣的情境也是一般投資人常有的感慨之一。

也因此我建議讀者，如果想嘗試運用外資買超合理股價精算法，可以先從元大台灣 50（0050）成分股開始觀察，因為它們具有下列的優勢：

1.外資參與台灣股市的首選

0050 是追蹤台股市值前 50 大的公司，因此我們可以確定，這 50 檔股票至少一定是現在的好公司，比較不用擔心地雷股的問題。

而且 0050 的成分股涵蓋的範圍非常大，可說是囊括各大產業的代表，是外資參與台灣股市的首選。觀察這 50 檔股票便能嗅出外資對台灣股市的方向以及看好的產業，進而跟隨外資操作。

2.市值較大、股價較穩定

0050 的成分股因為市值較大，股價相對穩定，不容易大漲或大跌，外資的買超動作也比較可能持續，而且股價比較不會被特定人士操弄。股價穩定的特性也讓一般投資人比較容易跟隨著外資買進與賣出動作，而且，出現假外資的

可能性也會比較小。

3.可以長期追蹤

因為公司市值很難在短時間出現劇烈變動的情況，所以台灣 50 成分股的股票變動較不頻繁，故而讀者可以長期追蹤，不需要跟隨股市的題材而經常調整觀察的股票。而且，外資幾乎每天都會交易 0050 的成分股，可以增加讀者的觀察經驗以及可能的交易機會。

停利點》依據投資個性設定最適停利機率值

介紹完股票池之後，接著來看使用外資買超股價精算法的買賣交易時機。在此之前，我們還需要替自己設定「最適停利機率值」。

當讀者實際運用「外資買超合理股價精算法」，計算出外資買超股的合理股價區間機率表後（詳見 6-4），便可以依照自己的投資個性設定最適停利機率值，並以最適停利機率值的股價區間作為設定停利價格的依據。

本書一開始便提到，股票投資是一場屬於個人化的投資旅程，需依照每位投資人的投資個性及能力不同而有所差異。故讀者可以依照自己的投資個性，以及對這檔股票的認知程度做選擇，找到最適合的專屬停利機率值（詳見表 1）。

如果讀者跟我一樣，投資個性較為穩健且自認為對股票的認知程度普通，我個人設定的最適停利機率值為 70%，提供讀者參考。

讀者選定好最適停利機率值之後，對這檔股票現在的合理股價就有了判斷依據。當實際股價低於合理股價區間的下限值，或遠高於合理股價區間的上限值時，都可稱為不合理狀況。當不合理的狀況發生時，就出現買進或賣出的交易機會了，此時建議讀者可搭配技術面的均線與趨勢線訂定買進與賣出決策。

請讀者務必記得這句話：「先有買、後一定要賣，買與賣需要注意步調與時機點，而非因市場情緒的影響而隨時買或隨便賣。」當讀者的買賣步調能與你的最適停利機率值好好配合時，便能與外資買超合理股價精算法譜出一段美妙的舞步，如果買賣步調配合不佳時，便可能會常常踩到痛腳了。

買進點》出現 4 關鍵時機可選擇進場

當出現下列 4 種情形時，可以當作買進的決策時機點：

1.旗標日出現當天

外資買進初期的決策重點在「買或不買」，建議讀者此時可以參考靜態因素，靜態因素較佳的股票可優先選擇。

表1 投資個性較穩健者，可選擇70%停利機率值
──最適停利機率值及適用對象

最適停利機率值	獲利機率	獲利率	適用對象
≥80%	高	低	投資個性較為保守，且對這檔股票的認知不足
70%	中等	中等	投資個性較為穩健，且對這檔股票有一定程度的認知
≤50%	低	高	投資個性較為積極，且對這檔股票具相當充分的認知

2.突破壓力區

股價向上突破在技術面來說是對於未來股價的一種表態，當外資的買超動作持續一段時間，且股價尚未出現超漲狀況時，建議讀者可以用「突破」重要均線或是趨勢線作為另一個買進的決策時機點。

3.回測支撐區

股價漲多之後一定會有回測，當股價回測至重要均線或是趨勢線時，是另一個買進決策的時機點。

4.K棒技術型態轉強

K棒技術型態轉強屬於短線操作的買進機會，讀者可以事先設定停利價與停損價。

了解買進時機以後，接著來看買進決策。

當讀者發現某一檔股票出現旗標日之後，在每一個出現可能買進的關鍵時機點，可以依照下列步驟決定是否執行買進動作，一直到旗標日消失或完成買進，甚至是進行加碼為止：

1. 選好個股以後，首先必須找出旗標日。
2. 接著就可以評估旗標日的靜態因素，確認是否可以買進。
3. 旗標日過後是否要繼續加碼，就等其他買進關鍵時機點出現時，開始追蹤該股票的動態因素檢核表，並製作合理股價區間機率表，再就這些資訊訂定買進決策。

賣出點》出現 5 關鍵時機可選擇出場

投資人買進後，必須同時訂定賣出條件，並在賣出關鍵時機點追蹤該股票的動態因素及合理股價區間機率表，決定是否賣出。可能賣出的時機包括：

1.旗標日消失

當旗標日消失，不管是當日最低價低於基準股價，或外資累積買超比率 ≤ 0 時，請務必執行停損的賣出動作。明天的股價會漲或跌是無法預測的，建議讀

者此時愈快賣出愈好，千萬不要存有僥倖的心理，尋找下一個買進機會是比較務實的做法。

2.股價進入超漲區

股價大漲對於一般投資人來說總是喜悅，只是這時候到底是該加碼買進或是該賣出？建議應該以合理股價區間機率表作為判斷依據，當波段最高股價大於最適股價區間時就應該做好隨時停利的準備。

3.重要壓力區

當股價位於均線或下降趨勢上緣線之下，均線或下降趨勢上緣線是股價壓力區且愈長期的均線與趨勢線的壓力愈大，愈難一次突破。因此，當股價接近壓力區且股價進入合理股價區間時，是另一個賣出決策的時機點。

4.跌破支撐區

當股價位於均線或上升趨勢下緣線之上，均線或上升趨勢下緣線是股價支撐區，而且愈長期的均線與趨勢線的支撐力量愈大。因此，當股價跌破支撐區且波段最高股價進入合理股價區間時，是另一個賣出決策的時機點。

5.K棒技術型態轉弱

K棒技術型態轉弱屬於短線操作的賣出機會，可以評估下一個買進時機點伺

機買進。

　　賣出時機點出現後，可以開始追蹤該股票的動態因素檢核表，並計算合理股價區間機率表，再就這些資訊訂定賣出決策。

　　到這裡我已經把整套「外資買超合理股價精算法」介紹完畢了，如果還是有不清楚的地方也別擔心，下一章我將會帶領讀者運用這套方法做實例分析。

第8章

實戰演練
大型股與中型股

8-1 旗標日決定買進案例》 聯發科（2454）

第6、7章已介紹過「外資買超合理股價精算法」，現在要來介紹相關的實例。本章共有 7 個案例，其中大型股有 5 檔，多屬於元大台灣 50（0050）成分股，包括聯發科（2454）、台達電（2308）、元大金（2885）、研華（2395）和鴻海（2317）。中小型股有 2 檔，包括欣興（3037）和群聯（8299）。由於案例眾多，會分為不同章節介紹。先來看大型股。

大型股具備「市值很大，股價波動較小」的特性，故而外資針對大型股的買進動作通常會採取持續的慢慢買進，股價也會偏向緩漲但是一波漲完。因此，當讀者發現外資持續買進某一檔低股價位階的大型股時，有機會出現長線大多頭的股價走勢。千萬不要對該檔股價的高點設限，否則可能會有賣掉之後買不回來的窘境。先來看聯發科。

聯發科成立於 1997 年，位於新竹科學園區，在全球設有 25 個分公司和辦

事處，為全球第3大無晶圓廠IC設計商，曾為台灣的股王（股價最高的股票）。

　　自2018年年初開始，外資對於聯發科的操作動作就呈現大賣小買的狀態，雖然股價一直創高，但外資的賣盤還是不間斷。還記得外資買超股的投資選項嗎？太難理解的投資選項，還是不投資比較好，所以我們在2018年年初不進場投資。

　　2018年4月19日，聯發科的股價在出現創新高的長黑K棒弱勢型態之後開始下跌，當聯發科股價跌破年線後，外資的賣壓才真正湧現，外資一路賣到2018年10月29日聯發科的股價創新低點（199.5元）才停止，並且轉賣為買（詳見圖1）。

步驟 1》訂定旗標日

1. **旗標日**：2018年10月29日
2. **旗標日最低價（基準股價）**：199.5元
3. **旗標日收盤價**：208元
4. **股本**：158億9,700萬元
5. **股票面額**：10元
6. **年線**：293.59元

圖1 2018年10月29日,外資轉賣為買
——聯發科(2454)日線圖

聯發科(2454) 日線圖 **2019/09/06 開 371.00 高 378.00 低 368.00 收 374.50 s 元 量 13658 張 +7.00 (+1.90%)**

SMA240 279.03↓

註:資料統計時間為 2017.05.15 ～ 2018.12.28   資料來源:XQ 全球贏家

7. 近 1 年最高價:**374.5 元**(2018 年 4 月 19 日盤中高點)

步驟 **2**》評估靜態因素

1.旗標日的靜態因素(詳見表1)

① 市值為 3,307 億元,未達市值 300 億元以下的標準,不予以考慮。

② 年線乖離率為 -29.15%,達到小於 -20% 的標準,屬於正面訊號。

表1　2項靜態指標為正面訊號，可於旗標日買進
——聯發科（2454）靜態因素評估

靜態因素	市值	年線乖離率	1年最大跌幅
公式	旗標日收盤價×股本÷股票面額	（旗標日收盤價÷年線－1）×100%	（旗標日最低價÷近1年最高價－1）×100%
數值	3,307億元（208×158億9,700萬÷10）	-29.15%（（208÷293.59－1）×100%）	-46.73%（（199.5÷374.5－1）×100%）
標準	＜300億元	＜-20%	＜-45%
評價	不予以考慮	正面	正面

③ 1年最大跌幅為 -46.73%，達到小於 1 年最大跌幅 -45% 的標準，屬於正面訊號，有加分效果。

從聯發科的靜態因素評估，旗標日當天年線乖離率高達 -29.15%，且短短半年股價就跌掉 46.73%，因此，非常適合在旗標日初期便買進。

2.技術面支撐與壓力

① 重要均線（20 日均線／ 60 日均線／ 240 日均線）支撐與壓力：聯發科旗標日的收盤價位在月線、季線與年線之下，且月線、季線與年線的斜率均往下，各均線的壓力分別為：

❶ 20 日均線（壓力）：224.73 元。

❷ 60 日均線（壓力）：243.30 元。

❸ 240 日均線（壓力）：293.59 元。

② 下降趨勢線壓力：自 2018 年 4 月 19 日的高點與 2018 年 10 月 1 日高點畫一條下降趨勢線的上緣，依經驗可得出下降趨勢上緣線的壓力約為 230 元（詳見圖 2）。

3.投資決策為「旗標日隔日買進，突破季線加碼買進」

旗標日（2018 年 10 月 29 日）的靜態因素評估為正面，且當日出現長下影線及底部覆蓋線的 K 棒轉強訊號，因此決定旗標日隔日（2018 年 10 月 30 日）以開盤價 209 元買進。若股價突破季線，則考慮加碼買進。

旗標日就決定買進是比較冒險的行為，不過如果股價反彈至年線，股價漲幅將高達 40%。如以基準股價作為停損價格，虧損率僅 4%，是一個值得買進的時機點，但使用此方法請務必記住需要徹底執行停損的動作。

步驟 3》追蹤動態因素及合理股價區間機率表

聯發科股價在 2018 年 11 月 28 日突破季線（收盤價 236.5 元，季線

圖2 **下降趨勢線的上緣壓力約230元**
——聯發科（2454）日線圖

註：資料統計時間為 2018.01.30～2019.09.06　　資料來源：XQ 全球贏家

231.89 元），此時須追蹤動態因素及合理股價區間機率表，確認是否可以執行加碼買進。

1.動態因素檢核表（詳見表2）

① 外資買超比率為 0.95% 時，外資貢獻倍數為 15 倍（詳見 6-3 表 1）。

② 大盤漲幅：3.9%，未達關鍵數字 5% 的標準，不予以考慮。

③ 投信買超比率：0.1%，達到關鍵數字 0.1% 的標準，屬於正面訊號，有

表2 投信買超比率、外資買超時間皆為正面訊號
——聯發科（2454）2018年11月28日動態因素檢核表

動態因素	外資買超比率	大盤漲幅	投信買超比率	外資買超時間	創新高價	基本面
數值	0.95%	3.9%	0.1%	1個月	未創新高	無轉變
標準	N/A	≥5%	≥ 0.1%	≥1個月	N/A	轉變
評價	外資貢獻倍數15倍	不考慮	正面	正面	不考慮	不考慮

加分效果。

④ 外資買超時間：1個月，達到關鍵數字1個月的標準，屬於正面訊號，有加分效果。

⑤ 創新高價：沒有創1年高價，不予以考慮。

⑥ 基本面：沒有轉變，不予以考慮。

2.合理股價區間機率表

外資貢獻漲幅為14.3%（0.95%×15），故而合理股價區間機率表如表3。

3.投資決策為「不加碼買進，也不賣出」

① 動態因素評估為正面。

② 此段期間聯發科的最高價（2018年11月8日盤中高點240元）已經

表3	盤中高點240元，已達50%機率的股價區間

——聯發科（2454）2018年11月28日合理股價區間機率表

合理漲幅（%）	外資貢獻漲幅 −10%	外資貢獻漲幅 −5%	外資貢獻漲幅	外資貢獻漲幅 +5%
	4.3	9.3	14.3	19.3
合理股價（元）	208	218	228	238
機率值（%）	90	80	70	50

註：合理股價＝基準股價 ×（1 ＋合理漲幅），基準股價為 199.5 元

到達 50% 機率的股價區間。

因此，此時的投資決策為不加碼買進，也不賣出，等待聯發科未來可能的上漲機會。

聯發科的股價於 2018 年 12 月 28 日再次突破季線（收盤價 229.5 元，季線 226.93 元），此時須再次追蹤動態因素及合理股價區間機率表，確認是否可以執行加碼買進。

1.動態因素檢核表（詳見表4）

① 外資買超比率為 0.91% 時，外資貢獻倍數為 15 倍（詳見 6-3 表 1）。

② 大盤漲幅：2.2%，未達關鍵數字 5% 的標準，不予以考慮。

表4　外資買超時間已達2個月
──聯發科（2454）2018年12月28日動態因素檢核表

動態因素	外資買超比率	大盤漲幅	投信買超比率	外資買超時間	創新高價	基本面
數值	0.91%	2.2%	0.1%	2個月	未創新高	無轉變
標準	N/A	≥5%	≥0.1%	≥1個月	N/A	轉變
評價	外資貢獻倍數15倍	不考慮	正面	正面	不考慮	不考慮

③ 投信買超比率：0.1%，達到關鍵數字 0.1% 的標準，屬於正面訊號，有加分效果。

④ 外資買超時間：2 個月，達到關鍵數字 1 個月的標準，屬於正面訊號，有加分效果。

⑤ 創新高價：沒有創 1 年高價，不予以考慮。

⑥ 基本面：沒有轉變，不予以考慮。

2.合理股價區間機率表

外資貢獻漲幅為 13.7%（0.91%×15），故而合理股價區間機率表如表 5。

3.投資決策為「加碼買進」

① 動態因素評估正面，外資已經連續買超時間 2 個月。

表5 收盤價229.5元，已達70%機率的股價區間

—— 聯發科（2454）2018年12月28日合理股價區間機率表

合理漲幅（%）	外資貢獻漲幅 −10%	外資貢獻漲幅 −5%	外資貢獻漲幅	外資貢獻漲幅 +5%
	3.7	8.7	13.7	18.7
合理股價（元）	206.8	216.8	226.7	236.7
機率值（%）	90	80	70	50

註：合理股價＝基準股價×（1＋合理漲幅），基準股價為199.5元

② 此段期間聯發科的最高價為252.5元（2018年12月4日盤中高價）已達50%機率的股價區間。

③ 自旗標日至2018年12月28日為止，股價漲幅約15%（（229.5÷199.5－1）×100%）。

由於之前在旗標日隔口便已買進，故而此時選擇加碼買進或不加碼都是合理的選項。

步驟4》訂定買進價格與停損時機

1. **買進價格**：加碼買進參考價為2018年12月28日季線價格226.93元。

2. **停損時機**：跌破基準股價（199.5元）。

表6　2019年1月營收轉為負成長，為負面訊號
——聯發科（2454）2019年2月26日動態因素檢核表

動態因素	外資買超比率	大盤漲幅	投信買超比率	外資買超時間	創新高價	基本面
數值	2.33%	9.2%	0.3%	3.9個月	未創新高	2019年1月營收轉為負成長
標準	N/A	≥5%	≥ 0.1%	≥1個月	N/A	轉變
評價	外資貢獻倍數9倍	正面	正面	正面	不考慮	不考慮

步驟 5》設定賣出決策

之後，外資持續買進聯發科，一直到 2019 年 2 月 26 日出現突破年線的上影線（盤中高點 293 元，年線 270.94 元）。

1.動態因素檢核表（詳見表6）

① 外資買超比率為 2.33% 時，外資貢獻倍數為 9 倍。

② 大盤漲幅：9.2%，達到關鍵數字 5% 的標準，屬於正面訊號，有加分效果。

③ 投信買超比率：0.3%，達到關鍵數字 0.1% 的標準，屬於正面訊號，有加分效果。

④ 外資買超時間：3.9 個月，達到關鍵數字 1 個月的標準，屬於正面訊號。

表7 **盤中高點293元，已遠高於50%機率的股價區間**
——聯發科（2454）2019年2月26日合理股價區間機率表

合理漲幅（%）	外資貢獻漲幅 −10%	外資貢獻漲幅 −5%	外資貢獻漲幅	外資貢獻漲幅 +5%
	11.0	16.0	21.0	26.0
合理股價（元）	221.4	231.4	241.4	251.4
機率值（%）	90	80	70	50

註：合理股價＝基準股價 ×（1 ＋合理漲幅），基準股價為 199.5 元

⑤ 創新高價：沒有創 1 年高價，不予以考慮。

⑥ 基本面：聯發科公布的營收年成長率在 2018 年 12 月轉為正成長，但 2019 年 1 月份時又轉為負成長，因此屬於負面訊號，不予以考慮。

2.合理股價區間機率表

外資貢獻漲幅為 21%（2.33%×9），故而合理股價區間機率表如表 7。

3.投資決策為「賣出」

① 此段期間聯發科的最高價 293 元（2019 年 2 月 26 日盤中高點）已遠高於 50% 機率的股價區間。

② 出現股價突破年線的長上影線，是股價弱勢的型態之一。

③ 跌破年線的時間未滿 1 年，且年線為負斜率，具股價壓力功能。

④ 自旗標日起，股價漲幅已達 46.87%（（293÷199.5 − 1）×100%）。

合理評估聯發科至少短線不容易續漲，短期應該會先回測年線（270.94 元）甚至是季線（238.32 元），年線與季線的差距過大（相差 13.69%），投資決策為賣出。賣出價格為隔日（2019 年 2 月 27 日）開盤價 280 元。

投資結果》最高價漲幅近 47%

1. 從旗標日至 2019 年 2 月 26 日止，約 4 個月的時間，外資買超比率為 2.33%，最高價漲幅達 46.87%（（293÷199.5 − 1）×100%）。
2. 以買進日 2018 年 10 月 30 日至 2019 年 2 月 26 日止，約 4 個月的時間，2018 年 10 月 30 日買進價格 209 元，2018 年 12 月 28 日加碼買進價格 227 元，平均買進價格 218 元，2019 年 2 月 26 日賣出價格 280 元，獲利率為 28.4%（（280÷218 − 1）×100%，詳見圖 3）。

誰説大象不會跳舞？

股價後續走勢》出現長期強勢股價走勢

雖然在 2019 年 2 月 26 日選擇賣出聯發科，不過外資持續買進，股價未如

圖3 持有約4個月，獲利率達28%
——聯發科（2454）日線圖

註：資料統計時間為 2017.10.02 ～ 2019.07.19　資料來源：XQ 全球贏家

原先預估回測季線，反而是回測年線後，股價逐漸向上走升到326.5元（2019年7月3日盤中高點），並將季線與年線往上拉抬。通常這屬於長期強勢股價走勢，可以注意下次的買點出現，不過這屬於事後諸葛的論點。請讀者務必記住，只需在乎是不是做好當下最合理的決策，賺取合理的報酬才是最終目的。

8-2 突破年線買進案例》 台達電（2308）

　　台達電（2308）創立於 1971 年，專攻電源管理與散熱解決方案。近年來，逐步從關鍵零組件製造商邁入整體節能解決方案提供者，深耕「電源及零組件」、「自動化」與「基礎設施」3 大業務範疇。

　　從台達電的週 K 線圖來看，外資幾乎從 2014 年 7 月開始便不斷地賣超台達電，股價也呈現極為弱勢的走勢，自最高價 225 元（2014 年 9 月 3 日盤中高點）下跌至最低價 98.3 元（2018 年 7 月 5 日盤中低點），中間只有 2016 年出現一次比較像樣的反彈，台灣加權指數在歷史高點的樂觀情緒，完全沒有出現在台達電的股價上。

　　不過，如果打開台達電的日 K 線圖來看，外資自 2018 年 7 月 5 日跌至低點以後，於 2018 年 8 月 29 日開始出現明顯的買超狀況，股價再一次向上反彈（詳見圖 1）。因此，我們可以把 2018 年 8 月 29 日設為旗標日，觀察後續情況。

圖1 自2018年8月29日起，外資由賣轉買
——台達電（2308）週線圖

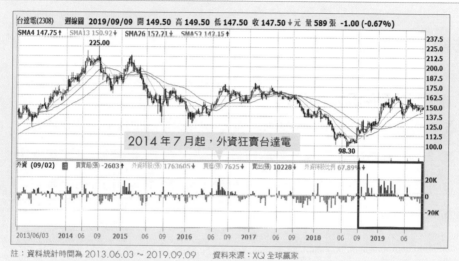

台達電(2308) 週線圖 2019/09/09 開 149.50 高 149.50 低 147.50 收 147.50 ↓元 量 589 張 -1.00 (-0.67%)

SMA4 147.75↑ SMA13 150.92↓ SMA26 152.21↓ SMA52 142.15↑

225.00

2014 年 7 月起，外資狂賣台達電

98.30

外資 (09/02) 　買賣超(張) -2603↑　外資持股(張) 1763605↓　買進(張) 7625↓　賣出(張) 10228↓　外資持股比例 67.89%↓

2013/06/03　2014　06　09　2015　06　09　2016　06　09　2017　06　09　2018　06　09　2019　06

註：資料統計時間為 2013.06.03 ~ 2019.09.09　　資料來源：XQ 全球贏家

步驟 1》訂定旗標日

1. **旗標日**：2018 年 8 月 29 日。

2. **旗標日最低價（基準股價）**：110.5 元。

3. **旗標日收盤價**：118.5 元。

4. **股本**：259 億 7,500 萬元。

5. **股票面額**：10 元。

6. **年線**：128.88 元。

7. **近 1 年最高價**：165.5 元（2017 年 9 月 1 日盤中高點）。

步驟 2》評估靜態因素

1.旗標日的靜態因素（詳見表1）

① 市值為 3,078 億元，未達市值 300 億元以下的標準，不予以考慮。

② 年線乖離率為 -8.05%，未達小於年乖離率 -20% 的標準，不予以考慮。

③ 1 年最大跌幅為 -33.23%，未達小於 1 年最大跌幅 -45% 的標準，不予以考慮。

從台達電的靜態因素評估來看，並不適合在旗標日初期便買進。

2.技術面支撐與壓力

① 重要均線（20 日均線／ 60 日均線／ 240 日均線）支撐與壓力：台達電旗標日的收盤價位在月線與季線之上、年線之下，且月線與季線的斜率往上，只剩年線的斜率往下，各均線支撐與壓力分別為：

❶ 20 日均線（支撐）：107.08 元。
❷ 60 日均線（支撐）：107.07 元。

表1　由於靜態因素皆不符標準，不宜在旗標日買進

——台達電（2308）2018年8月29日靜態因素評估表

靜態因素	市值	年線乖離率	1年最大跌幅
公式	旗標日收盤價×股本÷股票面額	（旗標日收盤價÷年線－1）×100%	（旗標日最低價÷近1年最高價－1）×100%
數值	3,078億元（118.5×259.75億÷10）	-8.05%（（118.5÷128.88－1）×100%）	-33.23%（（110.5÷165.5－1）×100%）
標準	＜300億元	＜-20%	＜-45%
評價	不考慮	不考慮	不考慮

❸240日均線（壓力）：128.88元。

② 下降趨勢線壓力：自2017年8月31日的高點與2018年1月23日的高點畫一條下降趨勢線的上緣，依經驗可得出下降趨勢上緣線的壓力約為125元（詳見圖2）。

3.投資決策為「突破年線買進」

因目前（2018年8月29日）股價距離年線的差距並不大，通常大型股的年線又不容易一次突破，常會有假突破後再回測季線的股價走勢，因此，設定的買進決策為突破年線後買進。

圖2 下降趨勢線的上緣壓力在125元
——台達電（2308）日線圖

台達電(2308) 日線圖 2019/10/07 開 133.00 高 134.50 低 132.50 收 133.50↑元 量 3322張 +2.00 (+1.52%)

176.50

98.30

2017/04/24　07　08　09　10　11　12　**2018/01**　03　04　05　06　07　08　09　10　11　12

註：資料統計時間為 2017.04.24～2018.12.28　　資料來源：XQ 全球贏家

步驟 **3**》追蹤動態因素及合理股價區間機率表

台達電股價在 2018 年 9 月 28 日第 1 次突破年線（收盤價 131 元，年線 125.59 元），此時須追蹤動態因素以及合理股價區間機率表，確認是否可以執行買進。

1.動態因素檢核表（詳見表2）

表2 投信買超比率、外資買超時間皆達標
——台達電（2308）2018年9月28日動態因素檢核表

動態因素	外資買超比率	大盤漲幅	投信買超比率	外資買超時間	創新高價	基本面
數值	0.58%	-0.8%	0.4%	1個月	未創新高	無轉變
標準	N/A	≥5%	≥ 0.1%	≥1個月	N/A	轉變
評價	外資貢獻倍數15倍	不考慮	正面	正面	不考慮	不考慮

① 目前外資買超比率為 0.58%，外資貢獻倍數為 15 倍（詳見6-3 表 1）。

② 大盤漲幅：-0.8%，未達關鍵數字 5% 的標準，不予以考慮。

③ 投信買超比率：0.4%，達到關鍵數字 0.1% 的標準，屬於正面訊號，有加分效果。

④ 外資買超時間：1 個月，達到關鍵數字 1 個月的標準，屬於正面訊號，有加分效果。

⑤ 創新高價：沒有創 1 年高價，不予以考慮。

⑥ 基本面：沒有轉變，不予以考慮。

2.合理股價區間機率表

經計算後，外資貢獻漲幅為 8.7%（0.58%×15），故而合理股價區間機率表如表 3。

表3　收盤價131元，已達50%機率的股價區間
——台達電（2308）2018年9月28日合理股價區間機率表

合理漲幅（%）	外資貢獻漲幅 −10%	外資貢獻漲幅 −5%	外資貢獻漲幅	外資貢獻漲幅 +5%
	0	3.7	8.7	13.7
合理股價（元）	110.5	114.6	120.1	125.6
機率值（%）	90	80	70	50

註：1.合理股價＝基準股價×（1＋合理漲幅），基準股價為110.5元；2.外資貢獻漲幅−10%＜0%，故以0%計算

3.投資決策為「暫不買進」

① 動態因素評估為正面。

② 此段期間的最高價（132.5元，2018年9月28日盤中高點）已經超過50%機率的股價區間。

③ 年線屬於重大的壓力，大型股比較難以一次突破。

此時的投資決策為暫不買進。

台達電後續股價確實在年線附近盤整，外資在這段期間呈現大買小賣操作。直到2018年11月27日，台達電的股價再次突破年線（收盤價126.5元，年線122.46元），此時須再檢視動態因素檢核表以及合理股價區間機率表，確認此時是否執行買進動作。

表4 2018年第3季台達電毛利率提升，為基本面加分
——台達電（2308）2018年11月27日動態因素檢核表

動態因素	外資買超比率	大盤漲幅	投信買超比率	外資買超時間	創新高價	基本面
數值	2.29%	-12%	0.6%	2.9個月	未創新高	毛利率提升
標準	N/A	≥5%	≧0.1%	≥1個月	N/A	轉變
評價	外資貢獻倍數9倍	不考慮	正面	正面	不考慮	正面

1.動態因素檢核表（詳見表4）

① 日前外資買超比率為 2.29%，外資貢獻倍數為 9 倍（詳見 6-3 表 1）。

② 大盤漲幅：-12%，未達關鍵數字 5% 的標準，不予以考慮。

③ 投信買超比率：0.6%，達到關鍵數字 0.1% 的標準，屬於正面訊號。

④ 外資買超時間：2.9 個月，達到關鍵數字 1 個月的標準，屬於正面訊號，有加分效果。

⑤ 創新高價：沒有創 1 年高價，不予以考慮。

⑥ 基本面：毛利率提升，台達電公布 2018 年第 3 季的營業毛利率為 27.94%，較 2017 年第 3 季 27.08% 高，屬於正面訊號，有加分效果。

2.合理股價區間機率表

外資貢獻漲幅為 20.6%（2.29%×9），故而合理股價區間機率表如表 5。

表5　**收盤價126.5元，仍在90%機率的股價區間**
——台達電（2308）2018年11月27日合理股價區間機率表

合理漲幅（%）	外資貢獻漲幅 −10%	外資貢獻漲幅 −5%	外資貢獻漲幅	外資貢獻漲幅 +5%
	10.6	15.6	20.6	25.6
合理股價（元）	122.2	127.7	133.3	138.8
機率值（%）	90	80	70	50

註：合理股價＝基準股價 ×（1＋合理漲幅），基準股價為110.5元

3.投資決策為「買進」

① 動態因素評估正面。

② 在這一段時間內，大盤大跌了12%，不過外資對台達電持續買超且股價也僅小幅度修正，2018年11月27日出現紅K棒突破年線以及下降趨勢線（詳見圖3）。

此時的投資決策為買進。

步驟4》訂定買進價格與停損時機

1. **買進價格：**買進參考價為2018年11月27日的年線價格122.46元。

2. **停損時機：**此時台達電股價距離基準股價（110.5元）已經有一段距離，

圖3 2018年11月27日，台達電突破年線及下降趨勢線
——台達電（2308）日線圖

台達電(2308)　日線圖　**2019/09/09** 開 149.50 高 149.50 低 147.00 收 147.50 s 元 量 **1276** 張 **-1.00 (-0.67%)**
SMA20 129.13↓　SMA60 125.83↑　SMA240 121.49↓

134.50

98.30

2018/04/24　06　07　08　09　10　11　12

註：資料統計時間為 2018.04.24～2018.12.28　資料來源：XQ 全球贏家

基準股價不適合作為停損價格，因此以連結自 2018 年 8 月 27 日與 2018 年 11 月 23 日的上升趨勢下緣線作為停損時機（詳見圖 4）。

步驟 5》設定賣出決策

外資持續買進台達電一直到 2019 年 3 月 4 日出現創新高價的上影線（盤中高點 160.5 元），此為弱勢 K 棒型態，屬於賣出的關鍵時機。

圖4 參考上升趨勢下緣線，作為台達電新的停損點
——台達電（2308）日線圖

註：資料統計時間為 2018.08.01～2019.04.23　　資料來源：XQ 全球贏家

1.動態因素檢核表（詳見表6）

① 外資買超比率已經達 6.39%，外資貢獻倍數為 6 倍。

② 大盤漲幅：-7%，未達關鍵數字 5% 的標準，不予以考慮。

③ 投信買超比率：0.7%，達到關鍵數字 0.1% 的標準，屬於正面訊號，有加分效果。

④ 外資買超時間：6.2 個月，達到關鍵數字 1 個月的標準，屬於正面訊號，有加分效果。

表6 **2019年初，外資已連續買超逾6個月**
——台達電（2308）2019年3月4日動態因素檢核表

動態因素	外資買超比率	大盤漲幅	投信買超比率	外資買超時間	創新高價	基本面
數值	6.39%	-7%	0.7%	6.2個月	創1年新高	毛利率提升
標準	N/A	≥5%	≥0.1%	≥1個月	N/A	轉變
評價	外資貢獻倍數6倍	不考慮	正面	正面	正面	正面

⑤ 創新高價：目前合理股價區間已創 1 年新高（2019 年 3 月 4 日盤中高點 160.5 元），達到關鍵數字 1 年的標準，屬於正面訊號，有加分效果。

⑥ 基本面：毛利率提升，屬於正面訊號，有加分效果。

2.合理股價區間機率表

外資貢獻漲幅為 38.3%（6.39%×6），故而合理股價區間機率表如表 7。

3.投資決策為「賣出」

① 此段期間台達電的最高價 160.5 元（2019 年 3 月 4 日盤中高價）已達 50% 機率的股價區間。

② 當日出現股價創新高的上影線，是股價弱勢的型態之一。

③ 從旗標日算起，股價波段漲幅已達 45.25%（（160.5÷110.5 − 1）

表7　盤中高價160.5元，已達50%機率的股價區間
——台達電（2308）2019年3月4日合理股價區間機率表

合理漲幅（%）	外資貢獻漲幅 −10%	外資貢獻漲幅 −5%	外資貢獻漲幅	外資貢獻漲幅 +5%
	28.3	33.3	38.3	43.3
合理股價（元）	141.8	147.4	152.9	158.4
機率值（%）	90	80	70	50

註：合理股價＝基準股價 ×（1＋合理漲幅），基準股價為 110.5 元

×100%）。

合理評估此時（2019 年 3 月 4 日）股價已經來到波段高點，故而此時的投資決策為賣出，賣出價格為當日收盤價 157 元。

投資結果》最高價漲幅達 45%

1. 從旗標日 2018 年 8 月 29 日至 2019 年 3 月 4 日止，約 6 個月的時間，台達電的外資買超比率為 6.39%，最高價漲幅達 45.25%（（160.5÷110.5−1）×100%）。

2. 以買進日 2018 年 11 月 27 日至 2019 年 3 月 4 日止，約 3 個月的時間，台達電的買進價格 122.5 元，賣出價格 157 元，獲利率為 28.16%

圖5 持有台達電約3個月，獲利率28%
——台達電（2308）日線圖

台達電(2308)　日線圖 **2019/09/09** 開 149.50 高 149.50 低 147.00 收 147.50 **s** 元 量 **1278** 張 -1.00 (-0.67%)
SMA20 161.23↓　SMA60 155.48↑　SMA240 127.20↑

2018 年 11 月 27 日以 122.5 元買進，2019 年 3 月 4 日以 157 元賣出，獲利率為 28.16%

167.50
103.00

外資　　買賣超(張) 138↓　外資持股(張)1802656↑　買進(張) 1615↑　賣出(張) 1477↑　外資持股比例 69.39% =

10K
0
-10K

2018/08/01　09　　10　　11　　12　2019/01　02　03　04

註：資料統計時間為 2018.08.01 ～ 2019.04.23　　資料來源：XQ 全球贏家

（（157÷122.5 － 1）×100%，詳見圖 5）。

誰說大象不會跳舞？

後續股價走勢》股價跌至約 143 元

雖然在 2019 年 3 月 4 日選擇賣出台達電，不過後續外資持續買進，當股

價在 2019 年 3 月 12 日跌到季線附近，股價自 160.5 元（2019 年 3 月 4
日盤中高價）下跌至 143.5 元（2019 年 3 月 12 日盤中低點）時，讀者可
以嘗試看看是否做出再次買進的決策，但是記得需要隨時做好賣出的打算。另
外，突破 2019 年 3 月 12 日的長黑 K 棒高點時，也是一次短線買進的機會。

從台達電的例子也能讓讀者理解，我們只能針對現在的狀況做最適當與合理
的決策，無法預期未來股價的各種可能性，因此：

1. 不能心存買進後，股價就一定會漲的預期，必須要做好停損的準備。
2. 不能心存賣出後，股價就一定會跌的預期，必須做好可能再次買進的準備。

8-3 突破季線買進案例》 元大金（2885）

　　元大金（2885）是台灣第 1 家以證券為主的金控公司，主體企業為元大證券與元大商業銀行，其中證券經紀業務市占約 12%，融資業務市占約 20%。

　　元大金是台股近 3 年難得的大多頭金融股，自 2016 年年中在外資持續買超下，股價幾乎無明顯的回檔，連 2018 年第 4 季的全球股市大回檔，元大金股價也幾乎無明顯波動。元大金的股價在這 3 年間上漲約 90%，外資比較明顯的賣超時間是在 2018 年上半年，自 2018 年 7 月 12 日恢復買超（詳見圖 1）。

步驟 1》訂定旗標日

　1. **旗標日**：2018 年 7 月 12 日。

　2. **旗標日最低價（基準股價）**：13.1 元。

　3. **旗標日收盤價**：13.35 元

　4. **股本**：1,168 億 6,200 萬元

圖1 2018年7月12日開始，外資由賣轉買
——元大金（2885）週線圖

元大金(2885)　週線圖 2019/09/09 開 18.70 高 19.05 低 18.70 收 19.00 s 元 量 28160 張 +0.35 (+1.88%)

註：資料統計時間為 2014.01.20～2019.04.29　資料來源：XQ全球贏家

5. **股票面額**：10元

6. **年線**：13.58元

7. **近1年最高價**：14.65元（2018年6月11日盤中高點）

步驟 2》評估靜態因素

1. 旗標日的靜態因素（詳見表1）

表1 由於靜態因素皆不符標準，不宜在旗標日買進
——元大金（2885）2018年7月12日靜態因素評估表

靜態因素	市值	年線乖離率	1年最大跌幅
公式	旗標日收盤價×股本÷股票面額	（旗標日收盤價÷年線－1）×100%	（旗標日最低價÷近1年最高價－1）×100%
數值	1,560億元（13.35×1,168億6,200萬÷10）	-1.69%（（13.35÷13.58－1）×100%）	-10.58%（（13.1÷14.65－1）×100%）
標準	<300億元	<-20%	<-45%
評價	不考慮	不考慮	不考慮

① 市值為 1,560 億元，未達市值 300 億元以下的標準，不予以考慮。

② 年線乖離率為 -1.69%，未達小於年乖離率 -20% 的標準，不予以考慮。

③ 1 年最大跌幅為 -10.58%，未達小於 1 年最大跌幅 -45% 的標準，不予以考慮。

從元大金的靜態因素評估，並不適合在旗標日初期便買進。

2.技術面支撐與壓力

① 重要均線（20 日均線／60 日均線／240 日均線）支撐與壓力：元大金旗標日的收盤價位在月線、季線與年線之下，且月線、季線的斜率均往下，年

圖2 2018年7月時季線為最高壓力線，可作為買進點
——元大金（2885）日線圖

註：資料統計時間為 2018.06.04 ～ 2019.04.30　　資料來源：XQ 全球贏家

線的斜率往上，各均線的壓力分別為：

❶ 20 日均線（壓力）：13.61 元。

❷ 60 日均線（壓力）：14.03 元。

❸ 240 日均線（壓力）：13.58 元。

② 下降趨勢線壓力：無明顯的下降趨勢線。

表2 2018年7月底時，元大金動態因素皆不符合標準
——元大金（2885）2018年7月31日動態因素檢核表

動態因素	外資買超比率	大盤漲幅	投信買超比率	外資買超時間	創新高價	基本面
數值	0.16%	3%	-0.001%	0.6個月	未創新高	無轉變
標準	N/A	≥5%	≥ 0.1%	≥1個月	N/A	轉變
評價	外資貢獻倍數15倍	不考慮	不考慮	不考慮	不考慮	不考慮

3.投資決策為「突破季線買進」

以最高的壓力線（目前為季線）作為突破買進點（詳見圖2）。

步驟 3》追蹤動態因素及合理股價區間機率表

元大金股價在 2018 年 7 月 31 日時突破季線（收盤價 14.1 元，季線 13.93 元），此時須追蹤動態因素以及合理股價區間機率表，進一步確認是否可以執行買進。

1.動態因素檢核表（詳見表2）

① 外資買超比率為 0.16%，外資貢獻倍數為 15 倍（詳見6-3表1）。

② 大盤漲幅：3%，未達關鍵數字 5% 的標準，不予以考慮。

表3 **收盤價14.1元，已達50%機率的股價區間**
——元大金（2885）2018年7月31日合理股價區間機率表

合理漲幅（%）	外資貢獻漲幅 −10%	外資貢獻漲幅 −5%	外資貢獻漲幅	外資貢獻漲幅 +5%
	0	0	2.4	7.4
合理股價（元）	13.1	13.1	13.4	14.1
機率值（%）	90	80	70	50

註：1.合理股價＝基準股價×（1＋合理漲幅），基準股價為13.1元；2.外資貢獻漲幅−5%和外資貢獻漲幅−10%都＜0%，故以0%計算

③ 投信買超比率：−0.001%，未達關鍵數字0.1%的標準，不予以考慮。

④ 外資買超時間：0.6個月，未達關鍵數字1個月的標準，不予以考慮。

⑤ 創新高價：沒有創1年高價，不予以考慮。

⑥ 基本面：無轉變，不予以考慮。

2.合理股價區間機率表

外資貢獻漲幅2.4%（0.16%×15），合理股價區間機率表如表3。

3.投資決策為「買進」

2018年7月31日元大金股價已經達50%機率的股價區間，但是因為當天出現大量長紅K棒突破季線，屬於K棒轉強型態，因此，此時的投資決策為買進。

表4 2019年3月,元大金股價創3年新高

——元大金(2885)2019年3月13日動態因素檢核表

動態因素	外資買超比率	大盤漲幅	投信買超比率	外資買超時間	創新高價	基本面
數值	4.34%	-3.4%	-0.036%	8個月	創3年新高	無轉變
標準	N/A	≥5%	≥ 0.1%	≥1個月	N/A	轉變
評價	外資貢獻倍數8倍	不考慮	不考慮	正面	正面	不考慮

步驟 4》訂定買進價格與停損時機

1. **買進價格**:買進參考價為 2018 年 7 月 31 日季線價格 13.93 元。

2. **停損時機**:跌破基準股價(13.1 元)。

步驟 5》設定賣出決策

外資持續買進元大金一直到 2019 年 3 月 13 日出現創 3 年高價的跳高缺口(盤中高點 17.9 元)。

1.動態因素檢核表(詳見表4)

① 外資買超比率為 4.34%,外資貢獻倍數 8 倍。

表5 盤中高點17.9元，已達70%機率的股價區間
——元大金（2885）2019年3月13日合理股價區間機率表

合理漲幅（%）	外資貢獻漲幅 −10%	外資貢獻漲幅 −5%	外資貢獻漲幅	外資貢獻漲幅 +5%
	24.7	29.7	34.7	39.7
合理股價（元）	16.3	17.0	17.6	18.3
機率值（%）	90	80	70	50

註：合理股價＝基準股價 ×（1 ＋合理漲幅），基準股價為 13.1 元

② 大盤漲幅：-3.4%，未達關鍵數字 5% 的標準，不予以考慮。

③ 投信買超比率：-0.036%，未達關鍵數字 0.1% 的標準，不予以考慮。

④ 外資買超時間：8 個月，達到關鍵數字 1 個月的標準，屬於正面訊號，有加分效果。

⑤ 創新高價：目前合理股價區間已創 3 年新高（2019 年 3 月 13 日盤中高點 17.9 元），達到關鍵數字 1 年的標準，屬於正面訊號，有加分效果。

⑥ 基本面：無轉變，不予以考慮。

2.合理股價區間機率表

外資貢獻漲幅為 34.7%（4.34%×8），合理股價區間機率表如表 5。

3.投資決策為「賣出」

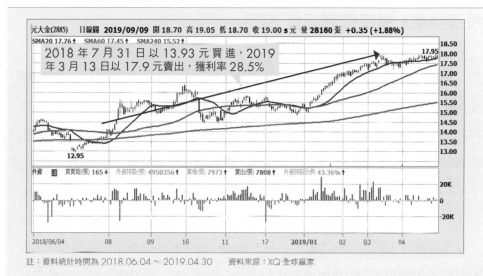

圖3 **持有元大金7.5個月，獲利率為28.5%**
——元大金（2885）日線圖

元大金(2885)　日線圖　**2019/09/09** 開 18.70 高 19.05 低 18.70 收 19.00 s 元 **量 28160 張**　**+0.35 (+1.88%)**
SMA20 17.76↑　SMA60 17.45↑　SMA240 15.52↑

2018 年 7 月 31 日以 13.93 元買進，2019
年 3 月 13 日以 17.9 元賣出，獲利率 28.5%

12.95

17.95

外資　買賣超(張) 165↓　外資持股(張) 4950356↑　買進(張) 7973↑　賣出(張) 7808↑　外資持股比例 42.36%↑

2018/06/04　08　09　10　11　12　2019/01　02　03　04

註：資料統計時間為 2018.06.04 ～ 2019.04.30　　資料來源：XQ 全球贏家

　①　此段期間元大金的最高價 17.9 元（2019 年 3 月 13 日盤中高點）已達
70% 機率的股價區間。

　②　股價出現創 3 年高價的跳高缺口。

　③　從旗標日算起，股價漲幅已達 36.64%（（17.9÷13.1 － 1）
×100%）。

　合理評估此時（2019 年 3 月 13 日）股價已經來到波段高點，故而此時的

投資決策為賣出，賣出價格為當日收盤價 17.9 元。

投資結果》最高價漲幅近 37%

1. 從旗標日 2018 年 7 月 12 日至 2019 年 3 月 13 日止，約 8 個月的時間，元大金的外資買超比率為 4.34%，最高價漲幅達 36.64%。

2. 以買進日 2018 年 7 月 31 日至 2019 年 3 月 13 日止，約 7.5 個月的時間，元大金的買進價格 13.93 元，賣出價格 17.9 元，獲利率為 28.5%（（17.9÷13.93 － 1）×100%，詳見圖 3）。

股價高檔時出現跳高缺口或是長紅 K 棒時，須注意是否有誘多的現象。因此，即使投資人並未在 2019 年 3 月 13 日執行賣出決策，當股價跌破跳空缺口時，都應再次檢視動態因素檢核表以及合理股價區間機率表，確認是否該執行賣出動作。

後續股價走勢》外資出現賣超且股價下跌

自 2019 年 3 月 13 日後，元大金的股價經歷了約 3 個月的盤整期後，於 2019 年 6 月 19 日出現長紅 K 棒突破盤整區，但後續股價開始出現外資賣超且股價下跌的現象，未來必須特別注意長紅 K 棒是否具有誘多的狀況出現。

8-4

回測年線買進案例》
研華（2395）

研華（2395）是一家台灣的工業自動化公司，目前工業電腦（IPC）市占率世界排名第一。

研華的股價原先呈現外資大買、股價大漲的大多頭走勢，一直維持到2014年出現較大的賣超後，股價開始呈現高位階的盤整，直到2016年9月8日幾乎創歷史最高價後，外資開始減碼賣出，股價也呈現向下的趨勢。之後一直到2018年10月18日才開始出現外資買進，且股價往上的趨勢（詳見圖1）。

步驟1》訂定旗標日

1. **旗標日**：2018年10月18日。
2. **旗標日最低價（基準股價）**：200元。
3. **旗標日收盤價**：205元
4. **股本**：69億9,100萬元

圖1 2018年10月18日，外資由賣轉買
──研華（2395）週線圖

研華(2395) 週線圖 2019/09/09 開 272.00 高 274.00 低 271.00 收 271.50 s 元 量 135 張 -2.50 (-0.91%)
SMA26 258.23↑ SMA52 240.99↑ SMA200 232.07↑

289.50

76.00

外資 | 買買超(張) -47↓ 外資持股(張) 282053↓ 買進(張) 49↑ 賣出(張) 96↓ 外資持股比例 40.34%↓

2011/01/03 2012 06 09 2013 06 09 2014 06 09 2015 06 09 2016 06 09 2017 06 09 2018 06 09 2019 06

註：資料統計時間為 2011.01.03～2019.09.09   資料來源：XQ 全球贏家

5. 股票面額：10 元

6. 年線：208.7 元

7. 近 1 年最高價：239 元（2018 年 1 月 19 日盤中高點）

步驟 2》評估靜態因素

1. 旗標日的靜態因素（詳見表1）

表1 由於靜態因素皆不符標準，不宜在旗標日買進
—研華（2395）2018年10月18日靜態因素評估表

靜態因素	市值	年線乖離率	1年最大跌幅
公式	旗標日收盤價×股本÷股票面額	（旗標日收盤價÷年線－1）×100%	（旗標日最低價÷近1年最高價－1）×100%
數值	1,433億元（205×69億9,100萬÷10）	-1.77%（（205÷208.7－1）×100%）	-16.32%（（200÷239－1）×100%）
標準	＜300億元	<-20%	<-45%
評價	不考慮	不考慮	不考慮

① 市值為 1,433 億元，未達市值 300 億元以下的標準，不予以考慮。

② 年線乖離率為 -1.77%，未達小於年乖離率 -20% 的標準，不予以考慮。

③ 1年最大跌幅為 -16.32%，未達小於 1 年最大跌幅 -45% 的標準，不予以考慮。

從研華的靜態因素評估，並不適合在旗標日初期便買進。

2.技術面支撐與壓力

① 重要均線（20 日均線／60 日均線／240 日均線）支撐與壓力：研華旗標日的收盤價位在月線、季線與年線之下，且月線、年線的斜率均往下，季線

圖2 研華下降趨勢上緣線的壓力約207元
——研華（2395）日線圖

研華(2395)　日線圖 **2019/09/11 開 269.50 高 273.50 低 268.50 收 272.00 s 元 量 543 張 +3.50 (+1.30%)**

289.50

186.50

2016/03/17　08　09　11　12　**2017/01**　04　06　07　08　09　10　12　**2018/01**　04　06　08　09　11　12

註：資料統計時間為 2016.03.17 ～ 2019.01.30　　資料來源：XQ 全球贏家

的斜率往上，各均線的壓力分別為：

❶ 20 日均線（壓力）：214.38 元。

❷ 60 日均線（壓力）：208.03 元。

❸ 240 日均線（壓力）：208.70 元。

② 下降趨勢線壓力：連結 2016 年 9 月 8 日以及 2017 年 2 月 10 日的高

圖3 2018年9月28日，出現長黑K棒
——研華（2395）日線圖

研華(2395) 日線圖 2019/09/09 開 272.00 高 274.00 低 271.00 收 271.50 s 元 量 135 張 -2.50 (-0.91%)
SMA20 224.08↑ SMA60 223.83↑ SMA240 211.74↑

236.50

186.50

2018/08/01　09　10　11　12　2019/01

240.0
235.0
230.0
225.0
220.0
215.0
210.0
205.0
200.0
195.0
190.0
185.0

註：資料統計時間為 2018.08.01～2018.11.29　資料來源：XQ 全球贏家

點，可以得到一條長期的下降趨勢線，依經驗判斷，下降趨勢上緣線的壓力約為 207 元（詳見圖 2）。

3.投資決策為「回測年線買進」

　　因旗標日的收盤價距離各重要均線以及下降趨勢上緣線的壓力很近，以及在 2018 年 9 月 28 日出現長黑 K 棒的頂部覆蓋線訊號（詳見圖 3），判斷股價不易突破，因此設定投資決策為突破後的回測年線買進。

表2 外資買超時間超過2個月，為正面動態因素
──研華（2395）2018年12月25日動態因素檢核表

動態因素	外資買超比率	大盤漲幅	投信買超比率	外資買超時間	創新高價	基本面
數值	0.98%	-4.3%	-0.03%	2.2個月	未創新高	營收年成長率為負值
標準	N/A	≥5%	≥ 0.1%	≥1個月	N/A	轉變
評價	外資貢獻倍數15倍	不考慮	不考慮	正面	不考慮	不考慮

步驟 3》追蹤動態因素及合理股價區間機率表

研華股價在 2018 年 10 月 31 日突破年線（收盤價 213 元，年線 208.73 元），之後股價上漲至接近 2018 年 9 月 28 日的高價（236 元），並於 2018 年 12 月 25 日回測年線（收盤價 212 元，年線 211.94 元），此時須追蹤動態因素以及合理股價區間機率表，確認是否可以執行買進。

1.動態因素檢核表（詳見表2）

① 目前外資買超比率為 0.98%，外資貢獻倍數為 15 倍（詳見 6-3 表 1）。

② 大盤漲幅：-4.3%，未達關鍵數字 5% 的標準，不予以考慮。

③ 投信買超比率：-0.03%，未達關鍵數字 0.1% 的標準，不予以考慮。

④ 外資買超時間：2.2 個月，達到關鍵數字 1 個月的標準，屬於正面訊號。

表3 **盤中高點236.5元，已達70%機率的股價區間**

——研華（2395）2018年12月25日合理股價區間機率表

合理漲幅（%）	外資貢獻漲幅−10%	外資貢獻漲幅−5%	外資貢獻漲幅	外資貢獻漲幅+5%
	4.7	9.7	14.7	19.7
合理股價（元）	209.4	219.4	229.4	239.4
機率值（%）	90	80	70	50

註：合理股價＝基準股價×（1＋合理漲幅），基準股價為200元

⑤ 創新高價：沒有創 1 年高價，不予以考慮。

⑥ 基本面：公布的營收年成長率為負值，不予以考慮。

2.合理股價區間機率表

外資貢獻漲幅為 14.7%（0.98%×15），合理股價區間機率表如表 3：

3.投資決策為「買進」

此段期間的最高股價 236.5 元（2018 年 12 月 3 日的盤中高點）雖然已達 70% 機率的股價區間，但之後股價於 2018 年 12 月 25 日回測至年線（收盤價 212 元）。此時年線斜率已轉正，年線變成支撐，且年線距離基準股價（200 元）的虧損率僅為 5.97%（（211.94÷200 − 1）×100%），故而此時的投資決策為買進。

表4	2019年3月時，股價創2年來新高

——研華（2395）2019年3月14日動態因素檢核表

動態因素	外資買超 比率	大盤漲幅	投信買超 比率	外資買超 時間	創新高價	基本面
數值	2.14%	4.0%	-0.19%	5個月	創2年新高	無轉變
標準	N/A	≥5%	≥ 0.1%	≥1個月	N/A	轉變
評價	外資貢獻 倍數9倍	不考慮	不考慮	正面	正面	不考慮

步驟 4》訂定買進價格與停損時機

1. **買進價格**：買進參考價為 2018 年 12 月 25 日年線價格 211.94 元。
2. **停損時機**：跌破基準股價 200 元。

步驟 5》設定賣出決策

外資持續買進研華一直到 2019 年 3 月 14 日出現創 2 年高價（2019 年 3 月 14 日盤中高點 257 元）。

1.動態因素檢核表（詳見表4）

① 外資買超比率為 2.14%，外資貢獻倍數 9 倍。

表5　盤中高點257元，已達50%機率的股價區間
——研華（2395）2019年3月14日合理股價區間機率表

合理漲幅（%）	外資貢獻漲幅 −10%	外資貢獻漲幅 −5%	外資貢獻漲幅	外資貢獻漲幅 +5%
	9.3	14.3	19.3	24.3
合理股價（元）	218.5	228.6	238.6	248.6
機率值（%）	90	80	70	50

註：合理股價＝基準股價×（1＋合理漲幅），基準股價為200元

② 大盤漲幅：4%，未達關鍵數字5%的標準，不予以考慮。

③ 投信買超比率：0.19%，未達關鍵數字0.1%的標準，不予以考慮。

④ 外資買超時間：5個月，達到關鍵數字1個月的標準，屬於正面訊號。

⑤ 創新高價：目前合理股價區間已創2年新高，達到關鍵數字1年的標準，屬於正面訊號，有加分效果。

⑥ 基本面：無轉變，不予以考慮。

2.合理股價區間機率表

外資貢獻漲幅為19.3%（2.14%×9），合理股價區間機率表如表5。

3.投資決策為「賣出」

① 此段期間研華的最高價257元（2019年3月14日盤中高點）已達

50% 機率的股價區間。

　② 股價出現創 1 年高價的長十字線，長十字線屬於未來股價走勢不明的 K 棒訊號。

　③ 從旗標日算起，股價漲幅已達 28.5%（（257÷200 － 1）×100%）。

　合理評估此時（2019 年 3 月 14 日）股價已經來到波段高點，故而此時的投資決策為賣出，賣出價格為當日收盤價 250 元。

投資結果》3.5 個月獲利率近 18%

　1. 從旗標日 2018 年 10 月 18 日至 2019 年 3 月 14 日止，約 5 個月的時間，研華的外資買超比率為 2.14%，最高價漲幅達 28.5%（（257÷200 － 1）×100%）。

　2. 以買進日 2018 年 12 月 25 日至 2019 年 3 月 14 日止，約 3.5 個月的時間，研華的買進價格 212 元，賣出價格 250 元，獲利率為 17.92%（（250÷212 － 1）×100%）。

後續股價走勢》進入盤整，若繼續多頭仍可買進

　自 2019 年 3 月 14 日選擇賣出研華後，實際的狀況是外資持續買進，股價

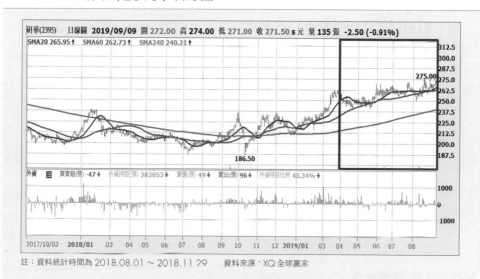

圖4　股價維持在260元附近盤整
──研華（2395）日線圖

研華(2395)　日線圖　2019/09/09 開 272.00 高 274.00 低 271.00 收 271.50 s 元 量 135 張 -2.50 (-0.91%)
SMA20 265.95↑　SMA60 262.73↑　SMA240 240.21↑

275.00

186.50

外資 ▤ 買賣超(張) -47↓ 外資持股(張) 282053↓ 買進(張) 49↓ 賣出(張) 96↓ 外資持股比例 40.34%↓

2017/10/02　2018/01　03　04　05　06　07　08　09　10　11　12　2019/01　03　04　05　06　07　08

註：資料統計時間為 2018.08.01 ～ 2018.11.29　資料來源：XQ 全球贏家

維持在 260 元附近盤整（詳見圖 4）。然而一檔長期大多頭走勢的股票比較不會一次結束，通常會有多次的買賣機會，因此類似研華這種具備外資持續買進而股價盤整的股票，意味著提供了再次買進的機會。讀者可以自行評估動態因素以及合理股價區間機率表，制定好買進與賣出決策，必能享受多次的買賣交易果實。

8-5 技術面轉強後買進案例》鴻海（2317）

　　鴻海（2317）專注於電子產品的代工服務，研發生產精密電氣元件、機殼、準系統、系統組裝、光通訊元件、液晶顯示件等 3C 產品上、下游產品及服務，透過產業上下游垂直統合，來建立經濟規模，在美國《財富》雜誌（Fortune）2018 年全球 500 大公司排行榜中位列第 24 名。

　　我個人覺得鴻海是一家非常傳奇的公司，從一家小公司變成台灣首富，鴻海對過去 30 年的科技普及化有非常大的貢獻。很難想像，如果沒有鴻海，現在的手機產業會是如何演變。

　　但鴻海股價在過去 10 年幾乎是呈現向下的弱勢走勢，前幾次的大漲都是與 iPhone 手機熱賣有關。最近一次的漲勢（2017 年年初）則是與鴻海全球布局有關，某一外資出具了鴻海目標價值 200 元的報告後，將股價推向 6 年高點。

　　不過自此開始，外資反手大賣鴻海股票，鴻海的股價從 122.5 元（2017

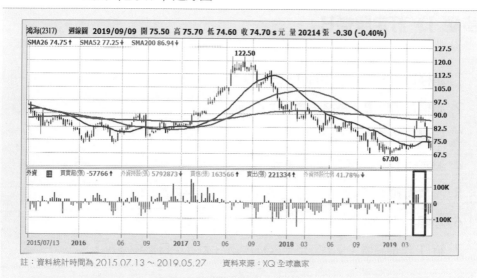

圖1 **2019年3月18日起，外資由賣轉買**
──鴻海（2317）週線圖

註：資料統計時間為 2015.07.13 ～ 2019.05.27　　資料來源：XQ 全球贏家

年 8 月 8 日盤中高點）開始下跌，跌至最低價 67 元（2019 年 1 月 4 日盤中低點），這段期間還經歷減資 2 成（1 張股票變成 0.8 張），一般投資人可說是受傷慘重。

所以說外資報告的實用性如何呢？我認為還是自己每天觀察比較實用。如果讀者每日觀察外資的買賣超狀況，很早就能發現外資持續大買的買進時機點，也能第一手發現外資大賣的賣出時機點了，外資從 2017 年 6 月一路賣到

2019 年 3 月 18 日才開始買進（詳見圖 1）。

步驟 1》訂定旗標日

1. **旗標日**：2019 年 3 月 18 日
2. **旗標日最低價（基準股價）**：71 元
3. **旗標日收盤價**：72 元
4. **股本**：1,386 億 3,000 萬元
5. **股票面額**：10 元
6. **年線**：78.68 元
7. **近 1 年最高價**：93.5 元（2018 年 3 月 19 日盤中高點）

步驟 2》評估靜態因素

1.旗標日的靜態因素（詳見表1）

① 市值為 9,981 億元，未達市值 300 億元以下的標準，不予以考慮。

② 年線乖離率為 -8.49%，未達小於年乖離率 -20% 的標準，不予以考慮。

③ 1 年最大跌幅為 -24.06%，未達小於 -45% 的標準，不予以考慮。

從鴻海的靜態因素評估，並不適合在旗標日初期便買進。

表1 靜態因素皆不符標準，不適合於旗標日買進
——鴻海（2317）2019年3月18日靜態因素評估表

靜態因素	市值	年線乖離率	1年最大跌幅
公式	旗標日收盤價×股本÷股票面額	（旗標日收盤價÷年線－1）×100%	（旗標日最低價÷近1年最高價－1）×100%
數值	9,981億元（72×1,386億3,000萬÷10）	-8.49%（（72÷78.68－1）×100%）	-24.06%（（71÷93.5－1）×100%）
標準	＜300億元	＜-20%	＜-45%
評價	不考慮	不考慮	不考慮

2.技術面支撐與壓力

① 重要均線（20日均線／60日均線／240日均線）支撐與壓力：鴻海旗標日的收盤價剛好突破月線與季線，不過尚在年線之下，且月線、季線的斜率開始往上，年線的斜率往下。各均線的支撐與壓力分別為：

❶ 20日均線（支撐）：71.88元。

❷ 60日均線（支撐）：70.92元。

❸ 240日均線（壓力）：78.68元。

② 下降趨勢線壓力：自2018年6月8日的高點與2018年11月2日的

圖2 下降趨勢上緣線的壓力約72元
——鴻海（2317）日線圖

鴻海(2317)　日線圖　**2019/09/11** 開 74.50 高 75.30 低 74.20 收 74.50 s 元　量 35739張　**+0.40 (+0.54%)**

註：資料統計時間為 2018.04.02 ～ 2019.09.11　　資料來源：XQ 全球贏家

高點畫一條下降趨勢線的上緣，依經驗可得出下降趨勢上緣線的壓力約為 72 元（詳見圖 2）。

3.投資決策為「突破年線買進」

因為鴻海此時的股價與月線、季線、下降趨勢上緣線都非常接近，只剩下一個年線壓力，且鴻海股價在 2017 年 11 月底跌破年線的時間已經超過 1 年以上，年線斜率絕對值逐漸變小，表示年線的壓力功能變小，因此設定投資決策

表2　2019年4月，動態因素皆為負面評價
——鴻海（2317）2019年4月1日動態因素檢核表

動態因素	外資買超比率	大盤漲幅	投信買超比率	外資買超時間	創新高價	基本面
數值	0.4%	1.2%	0.06%	0.4個月	未創新高	無轉變
標準	N/A	≥5%	≥ 0.1%	≥ 1個月	N/A	轉變
評價	外資貢獻倍數15倍	不考慮	不考慮	不考慮	不考慮	不考慮

為突破年線買進。

步驟 3》追蹤動態因素及合理股價區間機率表

2019 年 4 月 1 日，鴻海股價因為董事長郭台銘宣布參加國民黨初選，出現開高走高，而且突破年線的技術面轉強型態（盤中高點 80.8 元，年線 77.92 元），此時投資人須追蹤動態因素以及合理股價區間機率表，進一步確認是否可以執行買進。

1.動態因素檢核表（詳見表2）

① 目前外資買超比率為 0.4%，外資貢獻倍數為 15 倍（詳見6-3 表1）。

② 大盤漲幅：1.2%，未達關鍵數字 5% 的標準，不予以考慮。

| 表3 | 盤中高點80.8元，已達50%機率的股價區間 |

——鴻海（2317）2019年4月1日合理股價區間機率表

合理漲幅（%）	外資貢獻漲幅 −10%	外資貢獻漲幅 −5%	外資貢獻漲幅 +5%	外資貢獻漲幅 +5%
	0	1	6	11
合理股價（元）	71.0	71.7	75.3	78.8
機率值（%）	90	80	70	50

註：1. 合理股價＝基準股價 × （1＋合理漲幅），基準股價為 71 元；2. 外資貢獻漲幅 − 10% ＜ 0%，故以 0% 計算

③ 投信買超比率：0.06%，未達關鍵數字 0.1% 的標準，不予以考慮。

④ 外資買超時間：0.4 個月，未達關鍵數字 1 個月的標準，不予以考慮。

⑤ 創新高價：沒有創 1 年高價，不予以考慮。

⑥ 基本面：無轉變，不予以考慮。

2.合理股價區間機率表

外資貢獻漲幅為 6%（0.4%×15），合理股價區間機率表如表 3。

3.投資決策為「買進」

2019 年 4 月 1 日當日出現跳空大漲，強勢突破年線，開高走高是一個股價轉強的重要 K 棒訊號，且此時股價屬於底部剛剛起漲，可於當日開盤便決定買進，但是必須同時設定停損條件，此時的投資決策為買進。

表4　**外資買超1個月時，鴻海股價也創1年新高**
——鴻海（2317）2019年4月18日動態因素檢核表

動態因素	外資買超比率	大盤漲幅	投信買超比率	外資買超時間	創新高價	基本面
數值	1.32%	4.3%	0.15%	1個月	創1年新高	無轉變
標準	N/A	≥5%	≥ 0.1%	≥1個月	N/A	轉變
評價	外資貢獻倍數9倍	不考慮	正面	正面	正面	不考慮

步驟 4》訂定買進價格與停損時機

1. **買進價格**：買進參考價為 2019 年 4 月 1 日年線價格 77.92 元。
2. **停損時機**：跌破年線。

步驟 5》設定賣出決策

外資持續大量買進鴻海，一直到 2019 年 4 月 18 日出現開高走低（開盤價 94 元，收盤價 91.6 元），且長上影線的弱勢 K 棒型態。

1.動態因素檢核表（詳見表4）

① 外資買超比率為 1.32%，外資貢獻倍數 9 倍。

表5 **盤中高點97.2元，已遠高於50％機率的股價區間**
——鴻海（2317）2019年4月18日合理股價區間機率表

合理漲幅（％）	外資貢獻漲幅 −10％	外資貢獻漲幅 −5％	外資貢獻漲幅 +5％	外資貢獻漲幅 +5％
	1.9	6.9	11.9	16.9
合理股價（元）	72.3	75.9	79.4	83.0
機率值（％）	90	80	70	50

註：合理股價＝基準股價 ×（1 ＋合理漲幅），基準股價為 71 元

② 大盤漲幅：4.3％，未達關鍵數字 5％ 的標準，不予以考慮。

③ 投信買超比率：0.15％，達到關鍵數字 0.1％ 的標準，屬於正面訊號。

④ 外資買超時間：1 個月，達到關鍵數字 1 個月的標準，屬於正面訊號。

⑤ 創新高價：目前鴻海的合理股價區間已經創下 1 年來新高（2019 年 4 月 18 日盤中高點 97.2 元），達到關鍵數字 1 年的標準，屬於正面訊號，有加分效果。

⑥ 基本面：無轉變，不予以考慮。

2.合理股價區間機率表

外資貢獻漲幅為 11.9％（1.32％×9），合理股價區間機率表如表 5。

3.投資決策為「賣出」

圖3 持有鴻海半個月，獲利率約18%
——鴻海（2317）日線圖

註：資料統計時間為 2018.11.01 ~ 2019.06.28　　資料來源：XQ 全球贏家

① 此段期間鴻海的最高價 97.2 元（2019 年 4 月 18 日盤中高點）已遠高於 50% 機率的股價區間。

② 股價出現創 1 年高價的開高走低且長上影線的弱勢 K 棒型態。

③ 從旗標日算起，股價漲幅已達 36.9%（（97.2÷71 － 1）×100%）。

合理評估此時（2019 年 4 月 18 日）股價已經來到波段高點，故而此時的投資決策為賣出，賣出價格為當日收盤價 91.6 元。

投資結果》最高價漲幅近 37%

1. 從旗標日 2019 年 3 月 18 日至 2019 年 4 月 18 日止，約 1 個月的時間，鴻海的外資買超比率為 1.32%，最高價漲幅達 36.9%（（97.2÷71 － 1）×100%）。

2. 以買進日 2019 年 4 月 1 日至 2019 年 4 月 18 日止，約 0.5 個月的時間，鴻海的買進價格 77.92 元，賣出價格 91.6 元，獲利率為 17.56%（（91.6÷77.92 － 1）×100%，詳見圖 3）。

後續股價走勢》外資轉買為賣，股價又跌回原點

2019 年 5 月 8 日外資轉買為賣，鴻海的股價自高點又跌回原點。股價超漲之後，隨時注意賣出時機，方能持盈保泰，等待下一次的買進機會。每次選舉總是帶給股市炒作選舉題材，這些對我來說就只是題材，股票投資還是該回到正常的決策判斷為宜。

8-6 突破200週均線買進案例》欣興（3037）

8-1 ～ 8-5 介紹了大型股的案例，接著來看中小型股的案例。

中小型股的股價波動相對較大，實際漲幅常會偏向合理股價區間的上緣，相當適合短中線的交易，特別是如果這一檔個股是經過一段長時間的下跌或是盤整，當個股的基本面出現好轉狀況時，通常會有好幾波的上漲，非常值得中長期的追蹤。如果讀者可以掌握住股價的高低點，使能進行多次的買進與賣出交易，獲得更可觀的報酬，只是須設定清楚的停利及停損機制，並確實執行。8-6 和 8-7 我將分別介紹兩檔中小型股：欣興（3037）和群聯（8299），先來看欣興。

欣興創立於 1990 年 1 月 25 日，是一家製造印刷電路板（PCB）的電子公司，曾是世界排名第一的印刷電路板生產商，目前位居世界排名前 5 名。

欣興經歷過一段非常長而且大幅度的下跌，股價一直到 2017 年年初才出現

圖1 自2018年年底，外資開始明顯買進
——欣興（3037）週線圖

註：資料統計時間為 2011.01.03 ～ 2019.09.09　　資料來源：XQ 全球贏家

明顯的回升，股價上漲至 200 週均線後盤整了約 1.5 年，外資在這段盤整期間也大多是處於大賣小買的狀態。直到 2018 年年底，外資開始明顯買進（詳見圖1）。

步驟 1》訂定旗標日

1. **旗標日**：2018 年 10 月 30 日

表1 僅市值符合靜態因素評估標準，不宜在旗標日買進

——欣興（3037）2018年10月30日靜態因素評估表

靜態因素	市值	年線乖離率	1年最大跌幅
公式	旗標日收盤價×股本÷股票面額	（旗標日收盤價÷年線－1）×100%	（旗標日最低價÷近1年最高價－1）×100%
數值	220億元（14.65×150億4,800萬÷10）	-16.57%（（14.65÷17.56－1）×100%）	-34.18%（（14.25÷21.65－1）×100%）
標準	＜300億元	<-20%	<-45%
評價	正面	不考慮	不考慮

2. **旗標日最低價（基準股價）**：14.25元

3. **旗標日收盤價**：14.65元

4. **股本**：150億4,800萬元

5. **股票面額**：10元

6. **年線**：17.56元

7. **近1年最高價**：21.65元（2018年2月1日盤中高點）

步驟 2》評估靜態因素

1.旗標日的靜態因素（詳見表1）

① 市值為 220 億元，達到市值 300 億元以下的標準，屬於正面訊號，有加
分效果。

② 年線乖離率為 -16.57%，未達小於年乖離率 -20% 的標準，不予以考慮。

③ 1 年最大跌幅為 -34.18%，未達小於 1 年最大跌幅 -45% 的標準，不予以
考慮。

從欣興的靜態因素評估，並不適合在旗標日初期便買進。

2.技術面支撐與壓力

① 重要均線（20 日均線／ 60 日均線／ 240 日均線／ 200 週均線）支撐
與壓力：因為欣興在過去 1 年半的時間，股價就在 200 週均線附近盤整，因
此需把 200 週均線納入考量。

欣興旗標日的收盤價位於月線、季線、年線與 200 週均線之下，且月線、
季線、年線與 200 週均線的斜率往下，各均線的壓力分別為：

❶ 20 日均線（壓力）：16.84 元。

❷ 60 日均線（壓力）：17.68 元。

❸ 240 日均線（壓力）：17.56 元。

❹ 200 週均線（壓力）：16.21 元。

② 下降趨勢線：無明顯下降趨勢線。

3.投資決策為「突破200週均線買進」

　　雖然欣興的靜態因素屬於正面，但是旗標日的最低價 14.25 元創 1 年新低，因此不建議旗標日初期便決定買進。此時可以最接近的壓力線（200 週均線）作為突破買進依據，因此設定投資決策為突破 200 週均線買進。

步驟 3》追蹤動態因素及合理股價區間機率表

　　欣興股價在 2018 年 11 月 12 日出現突破 200 週均線的技術面轉強型態（盤中高點 17.1 元，200 週均線 16.15 元），此時須追蹤動態因素以及合理股價區間機率表，確認是否可以執行買進。

1.動態因素檢核表（詳見表2）

① 外資買超比率為 0.18%，外資貢獻倍數為 15 倍（詳見 6-3 表 1）。

② 大盤漲幅：3.2%，未達關鍵數字 5% 的標準，不予以考慮。

③ 投信買超比率：-0.4%，未達關鍵數字 0.1% 的標準，不予以考慮。

④ 外資買超時間：0.4 個月，未達關鍵數字 1 個月的標準，不予以考慮。

⑤ 創新高價：沒有創 1 年高價，不予以考慮。

⑥ 基本面：出現轉虧為盈（2018 年第 2 季每股盈餘（EPS）為 -0.14 元，

表2 基本面轉虧為盈，屬正面訊號
——欣興（3037）2018年11月12日動態因素檢核表

動態因素	外資買超比率	大盤漲幅	投信買超比率	外資買超時間	創新高價	基本面
數值	0.18%	3.2%	-0.4%	0.4個月	未創新高	轉虧為盈且毛利率大增
標準	N/A	≥5%	≥ 0.1%	≥1個月	N/A	轉變
評價	外資貢獻倍數15倍	不考慮	不考慮	不考慮	不考慮	正面

2018 年第 3 季 EPS 為 0.66 元），而且毛利率大增（2018 年第 3 季營業毛利率 14.1%，2017 年第 3 季營業毛利率 7.55%），屬於正面訊號，有加分效果。

2.合理股價區間機率表

外資貢獻漲幅為 2.7%（0.18%×15），合理股價區間機率表如表 3。

3.投資決策為「買進」

2018 年 11 月 12 日當日出現帶量長紅 K 棒，突破前一個長黑 K 棒（2018 年 11 月 6 日）以及 200 週均線的技術面轉強訊號，且此時股價屬於底部剛剛起漲，可於當日盤中便決定買進，但是必須同時制定停損條件，此時的投資

表3 盤中高點17.1元，已達50%機率的股價區間

——欣興（3037）2018年11月12日合理股價區間機率表

合理漲幅（%）	外資貢獻漲幅−10%	外資貢獻漲幅−5%	外資貢獻漲幅	外資貢獻漲幅+5%
	0	0	2.7	7.7
合理股價（元）	14.3	14.3	14.6	15.3
機率值（%）	90	80	70	50

註：1.合理股價＝基準股價×（1＋合理漲幅），基準股價為14.25元；2.外資貢獻漲幅−5%和外資貢獻漲幅−10%都＜0%，故以0%計算

決策為買進，並設定突破年線加碼賞進。

步驟 4》訂定買進價格與停損時機

1. 買進價格：買進參考價為 200 週均線價格（16.15 元）。
2. 停損時機：跌破基準股價（14.25 元）。

步驟 5》設定加碼買進決策

2018 年 11 月 15 日出現突破年線的加碼時機（收盤價 18.7 元，年線 17.54 元），須追蹤動態因素以及合理股價區間機率表，確認是否可以買進。

表4　2018年11月中，外資買超比率增為1.83%
——欣興（3037）2018年11月15日動態因素檢核表

動態因素	外資買超比率	大盤漲幅	投信買超比率	外資買超時間	創新高價	基本面
數值	1.83%	3.2%	-0.2%	0.5個月	未創新高	轉虧為盈
標準	N/A	≥5%	≥0.1%	≥1個月	N/A	轉變
評價	外資貢獻倍數9倍	不考慮	不考慮	不考慮	不考慮	正面

1.動態因素檢核表（詳見表4）

① 外資買超比率為1.83%，外資貢獻倍數為9倍（詳見6-3表1）。

② 大盤漲幅：3.2%，未達關鍵數字5%的標準，不予以考慮。

③ 投信買超比率：-0.2%，未達關鍵數字0.1%的標準，不予以考慮。

④ 外資買超時間：0.5個月，未達關鍵數字1個月的標準，不予以考慮。

⑤ 創新高價：沒有創1年高價，不予以考慮。

⑥ 基本面：轉虧為盈，毛利率大增，屬於正面訊號，有加分效果。

2.合理股價區間機率表

外資貢獻漲幅為16.5%（1.83%×9），合理股價區間機率表如表5。

3.投資決策為「加碼買進」

表5　收盤價18.7元，已遠高於50%機率的股價區間
——欣興（3037）2018年11月15日合理股價區間機率表

台塑漲幅（%）	外資貢獻漲幅 −10%	外資貢獻漲幅 −5%	外資貢獻漲幅	外資貢獻漲幅 +5%
	6.5	11.5	16.5	21.5
合理股價（元）	15.2	15.9	16.6	17.3
機率值（%）	90	80	70	50

註：合理股價＝基準股價×（1＋合理漲幅），基準股價為14.25元

　　2018年11月15日出現開高帶量長紅K棒，突破年線與季線的技術面轉強訊號，且此時的月線、季線、年線都轉為斜率為正的支撐功能，加上因為開高屬於K棒強勢訊號，可以在開盤時選擇買進。

　　因為收盤大漲，收盤價18.7元已遠超過50%機率的股價區間，不建議在收盤時買進，且須同時制定停損條件。此時的投資決策為開盤時約17.45元時加碼買進。

步驟6》訂定買進價格與停損時機

　　1.**買進價格**：買進參考價為2018年11月15日年線價格（17.54元）。

　　2.**停損時機**：跌破年線。

表6 **2018年12月時，股價創下3年新高**
——欣興（3037）2018年12月6日動態因素檢核表

動態因素	外資買超比率	大盤漲幅	投信買超比率	外資買超時間	創新高價	基本面
數值	8.45%	1.7%	1.6%	1.2個月	創3年新高	轉虧為盈
標準	N/A	≥5%	≥ 0.1%	≥1個月	N/A	轉變
評價	外資貢獻倍數6倍	不考慮	正面	正面	正面	正面

步驟 7》設定賣出決策

外資持續大量買進欣興一直到 2018 年 12 月 6 日出現長黑 K 棒的弱勢 K棒型態（盤中高點 23.5 元）。

1.動態因素檢核表（詳見表6）

① 外資買超比率為 8.45%，外資貢獻倍數 6 倍（詳見 6-3 表 1）。

② 大盤漲幅：1.7%，未達關鍵數字 5% 的標準，不予以考慮。

③ 投信買超比率：1.6%，達到關鍵數字 0.1% 的標準，屬於正面訊號。

④ 外資買超時間：1.2 個月，達到關鍵數字 1 個月的標準，屬於正面訊號。

⑤ 創新高價：目前欣興的合理股價區間已經創下 3 年新高（2018 年 12 月6 日盤中高點 23.5 元），達到關鍵數字 1 年的標準，屬於正面訊號。

表7 盤中高點23.5元，已達50%機率的股價區間
——欣興（3037）2018年12月6日合理股價區間機率表

合理漲幅（%）	外資貢獻漲幅 −10%	外資貢獻漲幅 −5%	外資貢獻漲幅	外資貢獻漲幅 +5%
	40.7	45.7	50.7	55.7
合理股價（元）	20.0	20.8	21.5	22.2
機率值（%）	90	80	70	50

註：合理股價＝基準股價×（1＋合理漲幅），基準股價為 14.25 元

⑥ 基本面：轉虧為盈，毛利率大增，屬於正面訊號，有加分效果。

2.合理股價區間機率表

外資貢獻漲幅為 50.7%（8.45%×6），合理股價區間機率表如表 7。

3.投資決策為「賣出」

① 此段期間欣興的最高價 23.5 元（2018 年 12 月 6 日盤中高點）已達 50% 機率的股價區間。

② 股價出現創 3 年高價且長黑 K 棒的弱勢 K 棒型態。

③ 從旗標日起，股價漲幅已達 64.91%（（23.5÷14.25 − 1）×100%）。

合理評估 2018 年 12 月 6 日股價已經來到波段高點，故而此時的投資決策

表8 投信買超比率2%，遠高於0.1%標準

——欣興（3037）2019年1月23日動態因素檢核表

動態因素	外資買超比率	大盤漲幅	投信買超比率	外資買超時間	創新高價	基本面
數值	12.06%	3.4%	2.0%	2.8個月	創4年新高	轉虧為盈
標準	N/A	≥5%	≥ 0.1%	≥1個月	N/A	轉變
評價	外資貢獻倍數5倍	不考慮	正面	正面	正面	正面

為賣出，賣出價格為當日收盤價 21.25 元。

步驟 8》觀察後續股價走勢，決定再次買進

外資呈現大買大賣的狀態，股價在 2019 年 1 月 23 日第 1 次回測至季線，收盤價為 21.15 元，追蹤動態因素以及合理股價區間機率表，確認是否可以執行買進。

1.動態因素檢核表（詳見表8）

① 外資買超比率為 12.06%，外資貢獻倍數為 5 倍（詳見 6-3 表 1）。

② 大盤漲幅：3.4%，未達關鍵數字 5% 的標準，不予以考慮。

③ 投信買超比率：2%，達到關鍵數字 0.1% 的標準，屬於正面訊號，有加

表9 收盤價21.15元，已低於90%機率的股價區間
——欣興（3037）2019年1月23日合理股價區間機率表

合理漲幅（％）	外資貢獻漲幅 −10%	外資貢獻漲幅 −5%	外資貢獻漲幅	外資貢獻漲幅 +5%
	50.3	55.3	60.3	65.3
合理股價（元）	21.4	22.1	22.8	23.6
機率值（％）	90	80	70	50

註：合理股價＝基準股價 ×（1＋合理漲幅），基準股價為 14.25 元

分效果。

④ 外資賞超時間：2.8 個月，達到關鍵數字 1 個月的標準，屬於正面訊號，有加分效果。

⑤ 創新高價：目前合理股價區間已創 4 年新高（2018 年 12 月 6 日盤中高點 23.5 元），達到關鍵數字 1 年的標準，屬於正面訊號，有加分效果。

⑥ 基本面：轉虧為盈，毛利率大增，屬於正面訊號，有加分效果。

2.合理股價區間機率表

外資貢獻漲幅為 60.3%（12.06%×5），合理股價區間機率表如表 9。

3.投資決策為「再次買進」

2019 年 1 月 23 日的股價是第 1 次回測季線（收盤價 21.15 元，季線

20.81 元），且收盤價已低於 90% 機率的股價區間值，此時的投資決策為再次買進。但是必須同時制定停損條件，並設定突破下降趨勢上緣線時可以考慮再次加碼買進，此時的下降趨勢線是連結 2018 年 12 月 12 日以及 2019 年 1 月 7 日高點的線（詳見圖 2）。

步驟 9》訂定第 2 次買進價格與停損時機

1. **買進價格**：2019 年 1 月 23 日收盤價 21.15 元。
2. **停損時機**：跌破季線 3%。

因為此時（2019 年 1 月 23 日）的季線（20.81 元）與年線（18.50 元）的差距較大（約 12%），如果股價跌破季線，恐怕會回測年線，且欣興的股價短時間漲幅相當大，因此需要謹慎設定停損點。

步驟 10》設定第 2 次賣出決策

外資持續大量買進欣興，一直到 2019 年 3 月 26 日出現長黑 K 棒的弱勢 K 棒型態（盤中高點 31.25 元，收盤價 28.8 元）。

1.動態因素檢核表（詳見表10）

圖2　突破下降趨勢上緣線時，可再加碼買進
——欣興（3037）日線圖

註：資料統計時間為 2018.11.01 ～ 2019.04.30　　資料來源：XQ 全球贏家

① 外資買超比率為 14.46%，外資貢獻倍數 5 倍（詳見 6-3 表 1）。

② 大盤漲幅：10.8%，達到關鍵數字 5% 的標準，屬於正面訊號，有加分效果。

③ 投信買超比率：3.8%，達到關鍵數字 0.1% 的標準，屬於正面訊號，有加分效果。

④ 外資買超時間：4.9 個月，達到關鍵數字 1 個月的標準，屬於正面訊號，有加分效果。

⑤ 創新高價：目前合理股價區間已創 5 年新高（2019 年 3 月 26 日盤中

| 表10 | 2019年3月底，股價創下5年新高 |

── 欣興（3037）2019年3月26日動態因素檢核表

動態因素	外資買超比率	大盤漲幅	投信買超比率	外資買超時間	創新高價	基本面
數值	14.46%	10.8%	3.8%	4.9個月	創5年新高	年營收成長率由負轉正
標準	N/A	≥5%	≥ 0.1%	≥1個月	N/A	轉變
評價	外資貢獻倍數5倍	正面	正面	正面	正面	正面

高點 31.25 元），達到關鍵數字 1 年的標準，屬於正面訊號，有加分效果。

⑥ 基本面：年營收成長率由負轉正，2018 年第 4 季毛利率 15.16%，較 2017 年第 4 季毛利率 10.73% 高，屬於正面訊號，有加分效果。

2.合理股價區間機率表

外資貢獻漲幅為 72.3%（14.46%×5），合理股價區間機率表如表 11。

3.投資決策為「賣出」

① 此段期間欣興的最高價 31.25 元（2019 年 3 月 26 日盤中高點）已遠高於 50% 機率的股價區間。

② 股價出現創 5 年高價且長黑 K 棒的弱勢 K 棒型態。

表11 盤中高點31.25元，已遠高於50%機率的股價區間
——欣興（3037）2019年3月26日合理股價區間機率表

合理漲幅（%）	外資貢獻漲幅 −10%	外資貢獻漲幅 −5%	外資貢獻漲幅	外資貢獻漲幅 +5%
	62.3	67.3	72.3	77.3
合理股價（元）	23.1	23.8	24.6	25.3
機率值（%）	90	80	70	50

註：合理股價＝基準股價×（1＋合理漲幅），基準股價為 14.25 元

③ 從旗標日起，欣興股價漲幅已達 119.3%（（31.25÷14.25 − 1）×100%）。

合理評估 2019 年 3 月 26 日股價已經來到波段高點，故而此時的投資決策為賣出，賣出價格為當日收盤價 28.8 元。

投資結果》兩次進出場，獲利率皆達 30% 以上

1. 第 1 次買進的投資結果如下：

① 從旗標日 2018 年 10 月 30 日至 2018 年 12 月 6 日止，約 1.5 個月的時間，欣興的外資買超比率為 8.45%，最高價漲幅達 64.91%

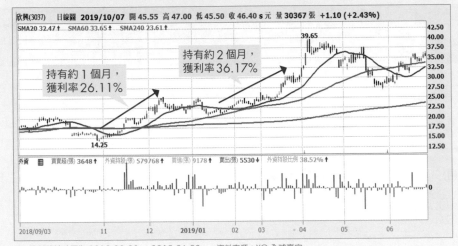

圖3 第1次持有約1個月，即獲利約26%
——欣興（3037）日線圖

欣興(3037)　日線圖 2019/10/07 開 45.55 高 47.00 低 45.50 收 46.40 s 元 量 30367 張 +1.10 (+2.43%)
SMA20 32.47↑　SMA60 33.65↑　SMA240 23.61↑

持有約2個月，
獲利率36.17%

39.65

持有約1個月，
獲利率26.11%

14.25

外資　買賣超(張) 3648↑　外資持股(張) 579768↑　買進(張) 9178↑　賣出(張) 5530↓　外資持股比例 38.52%↑

2018/09/03　　11　　12　　2019/01　　02　　03　　04　　05　　06

註：資料統計時間為 2018.09.03 ～ 2019.06.28　　資料來源：XQ 全球贏家

（（23.5÷14.25 － 1）×100%）。

② 以買進日 2018 年 11 月 12 日至 2018 年 12 月 6 日止，約 1 個月的時間，欣興 2018 年 11 月 12 日買進價格 16.15 元，2018 年 11 月 15 日加碼買進價格 17.54 元，平均買進價格 16.85 元，賣出價格 21.25 元，獲利率為 26.11%（（21.25÷16.85 － 1）×100%，詳見圖 3）。

2. 第 2 次買進的投資結果：自再次買進日期 2019 年 1 月 23 日至賣出日

期 2019 年 3 月 26 日止，約 2 個月的時間，欣興的買進價格 21.15 元，賣出價格 28.8 元，獲利率為 36.17%（（28.8÷21.15 － 1）×100%）。

股價後續走勢》大漲大跌，先退場觀望

接下來欣興的股價走勢呈現大漲大跌的走勢，外資的操作動作似乎已經到達看不懂的不合理狀態。看不懂的時候就先退場觀望，等待下一次看得懂的買進機會就好，千萬不要隨便嘗試買進這樣的股票。

8-7 旗標日買進中型股案例》群聯（8299）

　　群聯（8299）成立於 2000 年 11 月 8 日，為國內快閃記憶體（NAND FLASH）控制 IC 廠，主要業務為快閃記憶體控制 IC 及周邊系統產品的研發設計製造及銷售。主要股東為 TOSHIBA，持股約 12%。群聯的股價自 2008 年走了 9 年的長期大多頭行情後，在幾乎創 10 年高價（450 元，2017 年 7 月 26 日盤中高點）時起跌，約 1 年 3 個月的時間來到 187 元（2018 年 10 月 29 日盤中低點），股價跌幅 58.44%（（187÷450 － 1）×100%）。外資在這段下跌期間呈現大量賣超，直到 2018 年 10 月 29 日開始買進。

步驟 1》訂定旗標日

1. **旗標日**：2018 年 10 月 29 日
2. **旗標日最低價（基準股價）**：187 元
3. **旗標日收盤價**：194 元
4. **股本**：19 億 7,100 萬元

圖1 2018年10月29日起，外資由賣轉買
——群聯（8299）日線圖

註：資料統計時間為 2016.01.04～2019.07.08　　資料來源：XQ 全球贏家

5. **股票面額**：10 元

6. **年線**：275.14 元

7. **近 1 年最高價**：371 元（2017 年 11 月 2 日盤中高點）

步驟 2》評估靜態因素

1.旗標日的靜態因素（詳見表1）

① 市值為 382 億元，未達市值 300 億元以下的標準，不予以考慮。

② 年線乖離率為 -29.5%，達到小於年乖離率 -20% 的標準，屬於正面訊號，有加分效果。

③ 1 年最大跌幅為 -49.6%，達到小於 1 年最大跌幅 -45% 的標準，屬於正面訊號，有加分效果。

從群聯的靜態因素評估，應在旗標日初期便買進。

2.技術面支撐與壓力

① 重要均線（20 日均線／ 60 日均線／ 240 日均線）支撐與壓力：群聯旗標日的收盤價位於月線、季線與年線之下，且月線、季線與年線均線的斜率往下，呈現空頭走勢，各均線的壓力分別為：

❶ 20 日均線（壓力）：208.68 元。

❷ 60 日均線（壓力）：238.09 元。

❸ 240 日均線（壓力）：275.14 元。

② 下降趨勢線壓力：連結 2017 年 7 月 26 日與 2018 年 8 月 6 日群聯股價高點的下降趨勢上緣線，依經驗判斷，下降趨勢上緣線的壓力約在 225 元（詳見圖 2）。

表1 **2項靜態因素為正面訊號，可於旗標日初期買進**
——群聯（8299）2018年10月29日靜態因素評估表

靜態因素	市值	年線乖離率	1年最大跌幅
公式	旗標日收盤價×股本÷股票面額	（旗標日收盤價÷年線－1）×100%	（旗標日最低價÷近1年最高價－1）×100%
數值	382億元（194×19億7,100萬÷10）	-29.5%（（194÷275.14－1）×100%）	-49.6%（（187÷371－1）×100%）
標準	＜300億元	＜-20%	＜-45%
評價	不考慮	正面	正面

3.買進決策為「旗標日隔日買進，突破季線加碼買進」

旗標日隔日（2018年10月30日）開盤價195元買進，後續若有突破季線則加碼買進。

步驟 3》 追蹤動態因素及合理股價區間機率表

群聯股價在2018年11月22日出現突破季線的技術面轉強型態（盤中高點230.5元，季線223.68元），此時須追蹤動態因素以及合理股價區間機率表，確認是否可以執行加碼買進。

圖2 下降趨勢上緣線的壓力約在225元
—— 群聯（8299）日線圖

註：資料統計時間為 2017.01.03 ～ 2019.04.30　　資料來源：XQ 全球贏家

1.動態因素檢核表（詳見表2）

① 外資買超比率為 1.09%，外資貢獻倍數為 9 倍（詳見 6-3 表 1）。

② 大盤漲幅：2.1%，未達關鍵數字 5% 的標準，不予以考慮。

③ 投信買超比率：-0.01%，未達關鍵數字 0.1% 的標準，不予以考慮。

④ 外資買超時間：0.8 個月，未達關鍵數字 1 個月的標準，不予以考慮。

⑤ 創新高價：沒有創 1 年高價，不予以考慮。

⑥ 基本面：無轉變，不予以考慮。

表2　2018年11月，動態因素皆為負面訊號
——群聯（8299）2018年11月22日動態因素檢核表

動態因素	外資買超比率	大盤漲幅	投信買超比率	外資買超時間	創新高價	基本面
數值	1.09%	2.1%	-0.01%	0.8個月	未創新高	無轉變
標準	N/A	≥5%	≥ 0.1%	≥ 1個月	N/A	轉變
評價	外資貢獻倍數9倍	不考慮	不考慮	不考慮	不考慮	不考慮

表3　盤中高點230.5元，已高於50%機率的股價區間
——群聯（8299）2018年11月22日合理股價區間機率表

合理漲幅（%）	外資貢獻漲幅 −10%	外資貢獻漲幅 −5%	外資貢獻漲幅	外資貢獻漲幅 +5%
	0	4.8	9.8	14.8
合理股價（元）	187.0	196.0	205.3	214.7
機率值（%）	90	80	70	50

註：1. 合理股價＝基準股價 ×（1 ＋合理漲幅），基準股價為 187 元；2. 外資貢獻漲幅－ 10% ＜ 0%，故以 0% 計算

2.合理股價區間機率表

外資貢獻漲幅為 9.8%（1.09%×9），合理股價區間機率表如表 3。

3.投資決策為「不加碼買進」

2018 年 11 月 22 日當日出現長上影線，且此時股價（224 元）已超過

50% 機率的股價區間，並不適合加碼買進。

步驟 4》訂定買進價格與停損時機

1. **買進價格**：買進參考價為旗標日隔日（2018 年 10 月 30 日）開盤價 195 元。

2. **停損時機**：跌破基準股價（187 元）。

步驟 5》設定賣出決策

外資持續大量買進群聯，一直到 2019 年 4 月 3 日出現創 1 年新高價 320.5 元。

1.動態因素檢核表（詳見表4）

① 外資買超比率為 7.59%，外資貢獻倍數 6 倍（詳見 6-3 表 1）。

② 大盤漲幅：12.5%，達到關鍵數字 5% 的標準，屬於正面訊號。

③ 投信買超比率：1.8%，達到關鍵數字 0.1% 的標準，屬於正面訊號，有加分效果。

④ 外資買超時間：5.1 個月，達到關鍵數字 1 個月的標準，屬於正面訊號，有加分效果。

表4 2019年4月時，股價已創1年新高
——群聯（8299）2019年4月3日動態因素檢核表

動態因素	外資買超比率	大盤漲幅	投信買超比率	外資買超時間	創新高價	基本面
數值	7.59%	12.5%	1.8%	5.1個月	創1年新高	無轉變
標準	N/A	≥5%	≥ 0.1%	≥1個月	N/A	轉變
評價	外資貢獻倍數6倍	正面	正面	正面	正面	不考慮

⑤ 創新高價：目前合理股價區間已創 1 年新高（2019 年 4 月 3 日盤中高點 320.5 元），達到關鍵數字 1 年的標準，屬於正向訊號，有加分效果。

⑥ 基本面：無轉變，不予以考慮。

2.合理股價區間機率表

外資貢獻漲幅 45.5%（7.59%×6），合理股價區間機率表如表 5。

3.投資決策為「賣出」

① 此段期間群聯的最高價 320.5 元（2019 年 4 月 3 日盤中高點）已遠高於 50% 機率的股價區間。

② 股價出現創 1 年高價但量縮。

③ 從旗標日起，股價漲幅已達 71.39%（（320.5÷187 − 1）×100%）。

表5	最高價320.5元，已遠高於50%機率的股價區間

——群聯（8299）2019年4月3日合理股價區間機率表

合理漲幅（%）	外資貢獻漲幅 −10%	外資貢獻漲幅 −5%	外資貢獻漲幅	外資貢獻漲幅 +5%
	35.5	40.5	45.5	50.5
合理股價（元）	253.4	262.8	272.1	281.4
機率值（%）	90	80	70	50

註：合理股價＝基準股價×（1＋合理漲幅），基準股價為187元

　　合理評估2019年4月3日股價已經來到波段高點，故而此時的投資決策為賣出，賣出價格為當日收盤價315元。

步驟6》觀察後續股價走勢，決定再次買進

　　外資持續買進，但股價呈現修正的狀態，股價在2019年5月14日第1次回測年線附近（收盤價273元，年線251.7元）。追蹤動態因素以及合理股價區間機率表，確認是否可以執行買進。

1.動態因素檢核表（詳見表6）

　　① 外資買超比率為8.6%，外資貢獻倍數為6倍（詳見6-3表1）。

　　② 大盤漲幅：10.5%，達到關鍵數字5%的標準，屬於正面訊號。

表6 **4項動態因素屬於正面訊號**
——群聯（8299）2019年5月14日動態因素檢核表

動態因素	外資買超比率	大盤漲幅	投信買超比率	外資買超時間	創新高價	基本面
數值	8.6%	10.5%	1.2%	6.5個月	創1年新高	無轉變
標準	N/A	≥5%	≥ 0.1%	≥1個月	N/A	轉變
評價	外資貢獻倍數6倍	正面	正面	正面	正面	不考慮

③ 投信買超比率：1.2%，達到關鍵數字0.1%的標準，屬於正面訊號。

④ 外資買超時間：6.5個月，達到關鍵數字1個月的標準，屬於正面訊號，有加分效果。

⑤ 創新高價：目前合理股價區間已創1年新高（2019年4月3日盤中高點320.5元），達到關鍵數字1年的標準，屬於正面訊號，有加分效果。

⑥ 基本面：無轉變，不予以考慮。

2.合理股價區間機率表

外資貢獻漲幅為51.6%（8.6%×6），合理股價區間機率表如表7。

3.投資決策為「再次買進」

表7 收盤價273元，低於80%機率的股價區間
——群聯（8299）2019年5月14日合理股價區間機率表

合理漲幅（%）	外資貢獻漲幅 −10%	外資貢獻漲幅 −5%	外資貢獻漲幅	外資貢獻漲幅 +5%
	41.6	46.6	51.6	56.6
合理股價（元）	264.8	274.1	283.5	292.8
機率值（%）	90	80	70	50

註：合理股價＝基準股價 ×（1＋合理漲幅），基準股價為 187 元

　　2019 年 5 月 14 日的股價是第 1 次回測年線（收盤價 273 元，年線 251.7 元），且收盤價已低於 80% 機率的股價區間值，加上出現長下影線的 K 棒轉強訊號，此時的投資決策為再次買進，但是必須同時制定停損條件。

步驟 7》訂定第 2 次買進價格與停損時機

　　1. **買進價格**：2019 年 5 月 14 日收盤價 273 元。

　　2. **停損時機**：跌破年線 251.7 元。

步驟 8》設定第 2 次賣出決策

　　外資持續買進群聯，一直到 2019 年 7 月 12 日出現頂部覆蓋線訊號的弱勢

表8 2019年7月時，外資買超已逾8個月

──群聯（8299）2019年7月12日動態因素檢核表

動態因素	外資買超比率	大盤漲幅	投信買超比率	外資買超時間	創新高價	基本面
數值	10.42%	13.7%	3.8%	8.4個月	創1年新高	無轉變
標準	N/A	≥5%	≥ 0.1%	≥1個月	N/A	轉變
評價	外資貢獻倍數5倍	正面	正面	正面	正面	不考慮

K 棒型態。

1.動態因素檢核表（詳見表8）

① 外資買超比率為 10.42%，外資貢獻倍數 5 倍（詳見 6-3 表 1）。

② 大盤漲幅：13.7%，達到關鍵數字 5% 的標準，屬於正面訊號。

③ 投信買超比率：3.8%，達到關鍵數字 0.1% 的標準，屬於正面訊號。

④ 外資買超時間：8.4 個月，達到關鍵數字 1 個月的標準，屬於正面訊號，有加分效果。

⑤ 創新高價：目前合理股價區間已創 1 年新高（2019 年 7 月 11 日盤中高點 340 元），達到關鍵數字 1 年的標準，屬於正面訊號，有加分效果。

⑥ 基本面：沒有轉變，不予以考慮。

表9	期間最高價340元，已高於50%機率的股價區間

——群聯（8299）2019年7月12日合理股價區間機率表

合理漲幅（％）	外資貢獻漲幅 −10%	外資貢獻漲幅 −5%	外資貢獻漲幅	外資貢獻漲幅 +5%
	42.1	47.1	52.1	57.1
合理股價（元）	265.7	275.1	284.4	293.8
機率值（％）	90	80	70	50

註：合理股價＝基準股價 ×（1＋合理漲幅），基準股價為 187 元

2.合理股價區間機率表

外資貢獻漲幅為 52.1%（10.42%×5），合理股價區間機率表如表 9。

3.投資決策為「賣出」

① 此段期間群聯的最高價 340 元（2019 年 7 月 11 日盤中高點）已遠超過 50% 機率的股價區間。

② 股價出現創 1 年高價且出現頂部吞噬訊號的弱勢 K 棒型態。

③ 從旗標日算起，群聯股價漲幅已達 81.82%（（340÷187 − 1）×100%）。

合理評估 2019 年 7 月 12 日股價已經來到波段高點，故而此時的投資決策為賣出，賣出價格為當日收盤價 327.5 元。

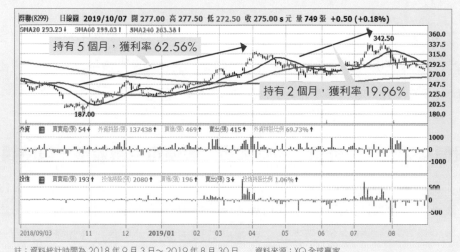

圖3 **第1次持有5個月，獲利率高達約63%**
——群聯（8299）日線圖

註：資料統計時間為 2018 年 9 月 3 日～ 2019 年 8 月 30 日　　資料來源：XQ 全球贏家

投資結果》兩次進出場，獲利至少有 **19%** 以上

1. 第 1 次買進的投資結果如下：

① 從旗標日 2018 年 10 月 29 日至 2019 年 4 月 3 日，外資買超比率 7.59%，最高價漲幅達 71.39%（（320.5÷187 － 1）×100%）。

② 以買進日 2018 年 10 月 30 日至 2019 年 4 月 3 日止，約 5 個月

時間，群聯的買進價格 195 元，賣出價格 317 元，獲利率為 62.56%
（（317÷195 − 1）×100%，詳見圖 3）。

2. 第 2 次買進的投資結果：自再次買進日期 2019 年 5 月 14 日至賣出日
期 2019 年 7 月 12 日止，約 2 個月的時間，群聯的買進價格 273 元，賣出
價格 327.5 元，獲利率為 19.96%（（327.5÷273 − 1）×100%）。

股價後續走勢》外資、投信齊賣，股價可能會盤整一段時間

接下來，外資開始賣出群聯，再加上投信也加入賣出的行列，群聯的股價走
勢呈現出再次創高後的下跌走勢，並跌破月線與季線，此時月線與季線轉為負
斜率，群聯股價可能會盤整一段時間了。

結論》股價精算法非萬靈丹，仍須搭配技術面操作

雖然上述的案例，獲利率都非常高。但讀者要知道，外資買超合理股價精算
法並非是投資的萬靈丹，比較像是股海中的移動式燈塔，提供一個買進決策及
賣出決策的重要資訊，尚須依據個人的投資個性，搭配技術面（K 線、均線、
趨勢線）的考量訂出賣出（包括停利、停損）機制。當我們自知自己的能力有
所不足時，須認分且努力地當個快樂的跟隨者，如此一來，方能在股海中遨游。

Note

靠轉危為安的投資方法
度過股市高低起落

　　最後，提供個人的幾個小小提醒。假如台灣發行量加權股價指數（簡稱加權指數）漲了 1 倍，要買到賠錢的股票很難；但加權指數跌了 50%，要買到賺錢的股票更是加倍的難上加難。千萬不要嘗試逆勢而為的投資方法，一定要居高思危。當你聽到某些投資專家告訴你，這時候的股票投資應該選股不選市時，還是先問問自己有超強的選股能力嗎？

　　人生重要的決定很少，過往的各種歷練都是在累積決策的能力，當你能在關鍵時刻做對決定，你的下半場人生可能會是彩色的；但是如果做錯了，對於未來的人生可能會有極大的差異。你知道現在可能會是股票投資者的人生關鍵時刻嗎？你會如何做出投資決策？

　　投資理財的學問非常多，各種投資工具的差異性也很大，股票投資的複雜性與波動性更是大的不得了，建議讀者不要太相信我們這些所謂投資達人或是專

家的話。反求諸己,提升自己的投資能力,不要再重蹈我資產受傷慘重才學乖的投資經驗,並且找到在自己能力範圍內,就能在關鍵時刻做出正確投資決策的方法。

我常常告訴別人,我的投資績效其實沒有很好,也一定不是最高的,因為我現在所設定的投資目標只有比股神巴菲特(Warren Buffett)高一點的30%,這樣的目標讓我能夠游刃有餘的進行我喜愛的股票投資研究,達成我設定每年要有一個新的投資方法的研究目標。

30%的投資報酬率高嗎?一般投資人可能會覺得高,但是在一個幾乎是高唱「永遠不回頭」的大多頭股市,這樣的報酬高嗎?我個人覺得還好而已,我比較在意的是,是否擁有可以達到每年30%報酬率的投資方法?是否能夠不受大環境的影響,一直達到每年30%的投資報酬率?

我認為我是一個上天眷顧的幸運人,在2006年的關鍵時刻做對了棄股買房的決策,更在2011年做對了離開原來的舒適圈,再次回到台灣股市的決策。經歷2011年歐債風暴踩躪後的全球股市,迎接長達8年的全球股市大多頭。

我常常思考一件事,如果我提早一年或是晚一年離開工作職場,現在的結果會是如何?截至目前為止,我的答案都是「感謝上天」,讓我「剛好」在

2011 年做出這個對我人生相當重要的決定，不是我「真勢（台語，指很厲害）」，知道歐債風暴之後會有股市大多頭行情，就只是剛剛好。

只是，經過了 8 年大多頭行情的全球股市，接下來的台股走勢，你會如何看待？是居高思危不要進入？還是存著絕不會是最後一隻老鼠的心態？或是跟我一樣，努力找到一個可以轉危為安的投資方法，可以在股市的上漲波段獲利，也能在股市下跌波段安全下車的投資方法？如果你跟我一樣，這本書就非常值得你細細品味了。歡迎你成為下一個有緣人。

國家圖書館出版品預行編目資料

年賺30%的股市高手洪志賢教你追籌碼算價術 / 洪志賢
著. -- 一版. -- 臺北市：Smart智富文化，城邦文化，
2019.10
　面；　公分
ISBN 978-986-98244-1-5(平裝)

1.股票投資 2.投資技術 3.投資分析

563.53　　　　　　　　　　　　　　108016599

Smart 智富
年賺30%的股市高手洪志賢教你追籌碼算價術

作者	洪志賢
企畫	周明欣

商周集團	
榮譽發行人	金惟純
執行長	郭奕伶
總經理	朱紀中

Smart 智富	
社長	林正峰（兼總編輯）
資深主編	楊巧鈴
編輯	邱慧真、胡定豪、施茵曼、連宜玫、陳婉庭
	劉鈺雯、簡羽婕
資深主任設計	張麗珍
版面構成	林美玲、廖洲文、廖彥嘉

出版	Smart 智富
地址	104 台北市中山區民生東路二段 141 號 4 樓
網站	smart.businessweekly.com.tw
客戶服務專線	（02）2510-8888
客戶服務傳真	（02）2503-5868
發行	英屬蓋曼群島商家庭傳媒股份有限公司城邦分公司

製版印刷	科樂印刷事業股份有限公司
初版一刷	2019 年 10 月
初版二刷	2019 年 11 月

ISBN	978-986-98244-1-5

為了提供您更優質的服務，《Smart 智富》會不定期提供您最新的出版訊息、優惠通知及活動消息。請您提起筆來，馬上填寫本回函！填寫完畢後，免貼郵票，請直接寄回本公司或傳真回覆。Smart 傳真專線：（02）2500-1956

1. 您若同意 Smart 智富透過電子郵件，提供最新的活動訊息與出版品介紹，請留下電子郵件信箱：

2. 您購買本書的地點為：☐超商，例：7-11、全家
   ☐連鎖書店，例：金石堂、誠品
   ☐網路書店，例：博客來、金石堂網路書店
   ☐量販店，例：家樂福、大潤發、愛買
   ☐一般書店

3. 您最常閱讀 Smart 智富哪一種出版品？
   ☐ Smart 智富月刊（每月 1 日出刊）　☐ Smart 叢書　☐ Smart DVD

4. 您有參加過 Smart 智富的實體活動課程嗎？　☐有參加　　☐沒興趣　　☐考慮中
   或對課程活動有任何建議或需要改進事宜：

5. 您希望加強對何種投資理財工具做更深入的了解？
   ☐現股交易　　☐當沖　　☐期貨　　☐權證　　☐選擇權　　☐房地產
   ☐海外基金　　☐國內基金　　☐其他：

6. 對本書內容、編排或其他產品、活動，有需要改善的事項，歡迎告訴我們，如希望 Smart
   提供其他新的服務，也請讓我們知道：

您的基本資料：（請詳細填寫下列基本資料，本刊對個人資料均予保密，謝謝）

姓名：	性別：☐男 ☐女
出生年份：	聯絡電話：
通訊地址：	

從事產業：☐軍人　☐公教　☐農業　☐傳產業　☐科技業　☐服務業　☐自營商　☐家管

您也可以掃描右方 QR Code、回傳電子表單，提供您寶貴的意見。

想知道 Smart 智富各項課程最新消息，快加入 Smart 自學網 Line@。

LINE@

（左側邊緣）填寫完畢後請沿書口裁下的虛線折下

廣 告 回 函

台灣北區郵政管理局登記證

台北廣字第 000791 號

免 貼 郵 票

104 台北市民生東路 2 段 141 號 4 樓

行銷部 收

●請沿著虛線對摺，謝謝。

Smart 智富

書號：WBSI0088A1

書名：**年賺30%的股市高手洪志賢教你追籌碼算價術**